Kriegsende in Weilheim

von Robert J. Huber

Eine Darstellung der militärischen Ereignisse

in Weilheim/Oberbayern im April 1945

Kriegsende in Weilheim

Robert J. Huber

Impressum

Bibliografische Information der Deutschen Nationalbibliothek:
Die Deutsche Nationalbibliothek verzeichnet diese Publikation in der
Deutschen Nationalbibliografie; detaillierte bibliografische Daten sind im
Internet über http://dnb.dnb.de abrufbar.

© 2019 Robert J. Huber
Umschlaggestaltung: Robert J. Huber
Umschlagvorderseite: Marienplatz Weilheim, Foto: Stadtarchiv Weilheim i.
OB., Bearbeitung: Robert J. Huber
Korrekturarbeiten: Claudia Huber
Herstellung und Verlag: BoD – Books on Demand, Norderstedt

ISBN: 978-3-750423671

Danksagung

Mein besonderer Dank gilt Herrn Dr. Joachim Heberlein,

Stadtarchivar in Weilheim,

ohne dessen fachkundige Hilfe dieses Buch nicht entstanden wäre.

Inhalt

PROLOG

In diesem Beitrag geht es um die letzten Kriegstage im April 1945, speziell in Weilheim. Die Auswertung der bis zum Jahr 2015 als geheim eingestuften Aufzeichnungen der in diesem Gebiet eingesetzten US-amerikanischen Truppen wirft ein neues Licht auf die damaligen Ereignisse. Dazu kommen ergänzende Informationen aus bisher unveröffentlichten und miteinander vereinbaren Berichten aus dem Weilheimer Stadtarchiv.

Bis zum April 1945 blieb Weilheim von Luftangriffen verschont; warum sich das zum Schluss änderte, konnte aufgeklärt werden.

Dass am Ende eine kampflose Übergabe an die US-Soldaten stattfand, überrascht angesichts des Lagebildes. Auf der einen Seite sind fanatische SS-Führer mit der Absicht, bis „zur letzten Patrone" zu kämpfen, auf der anderen mit hoher Feuerkraft ausgestattete amerikanische Elitetruppen. Wie es dann doch dazu kam, ist Hauptgegenstand dieser Untersuchung.

In diesem Zusammenhang wurde eine bis dato unbekannte ortsansässige Widerstandsgruppe entdeckt, deren Wirken buchstäblich in letzter Minute ein Feuergefecht verhindern konnte. Ebenso ist es hauptsächlich dieser Gruppe zuzuschreiben, dass Weilheim in den ersten Nachkriegstagen von Plünderungen weitgehend verschont geblieben ist.

Außerdem fand in diesen Tagen der deutsche Raketenpionier Wernher von Braun mit seinem Team sicheren Unterschlupf in der Stadt. Wie er schließlich in amerikanische Obhut gelangte, ist Gegenstand eines eigenen Kapitels.

Das (unvermeidliche) Kleingedruckte:

Der Text enthält als Fußnoten zahlreiche aktive Links zu nach Meinung des Verfassers interessanten Webseiten mit weiterführenden Informationen. Das ist zwar in der E-Book – Version praktisch, zwingt aber den Autor, sich ausdrücklich von Werbeinhalten auf diesen Seiten zu distanzieren und keine Haftung für die Inhalte und das Funktionieren der Links zu übernehmen!

Für die Leser der Print-Ausgabe werden am Ende des Buches, nach Seitenzahlen sortiert, einzelne, passende URL als Text und als QR-Code wiederholt. Mit dem Smartphone ist damit schnell die betreffende Website erreicht.

Der wissenschaftlich geübte Leser wird um Verständnis gebeten, dass zugunsten der Möglichkeit, sich einen ersten Überblick zu verschaffen, des Öfteren Wikipedia-Artikel verlinkt sind.

1. Nationalsozialistische Strukturen in Weilheim

Oberbayern war immer ein schwieriges Pflaster für die Nationalsozialistische Deutsche Arbeiterpartei (NSDAP). Zwar gab es nach der Gründung am 20.02.1920 in München[1] rasch erste Erfolge, z. B. konnte der neugewählte Parteiführer Adolf Hitler schon ein Jahr später im Zirkus-Krone-Bau vor rund 5.600 Zuhörern bezeichnenderweise zum Thema „Zukunft oder Untergang" sprechen[2], trotzdem führte 1933 der neu gegründete „Gau" München-Oberbayern nur gut 3 % der Bevölkerung als Parteimitglieder.[3] Sehr zum Ärger des Gauleiters Adolf Wagner (*01.10.1890, † 12.04.1944) gab es fast überall im Reichsgebiet höhere Werte. Vielleicht auch zum Ausgleich für die schlechte Mitgliederquote trat er als besonders fanatischer Nazi auf. Zusammen mit dem Münchner Polizeipräsidenten Heinrich Himmler gründete er schon im März 1933 das Konzentrationslager Dachau. Wagner war zugleich stellvertretender Ministerpräsident sowie bayerischer Innen- und Kultusminister. Am meisten Macht verlieh ihm allerdings die

---

[1] Die öffentliche Bekanntmachung erfolgte vier Tage später im Münchner Hofbräuhaus. Um nicht als „Kleinpartei" zu erscheinen, begann die Kartei mit der Nummer 501. Adolf Hitler hatte zunächst die Nummer 555. Ab 1925 wurde neu nummeriert, Hitler hatte dann die Nummer 1. Vgl. :
https://www.deutsche-biographie.de/gnd118551655.html#ndbcontent
(10.11.19) (Biografie zu Hitler)
[2] (Bruppbacher 2018) Buchvorschau:
https://books.google.de/books?id=RiU_AwAAQBAJ&pg=PA89#v=onepage&q&f=false
[3] Vgl.: https://www.historisches-lexikon-bayerns.de/Lexikon/Traditionsgau_M%C3%BCnchen-Oberbayern,_1930-1945
(Historisches Lexikon Bayerns Traditionsgau München Oberbayern 2019)

Gauleiter-Funktion. Gauleiter waren direkt dem Führer unterstellt und Wagner hatte ein besonders gutes Verhältnis zu Hitler. Seine „fähigsten" Mitarbeiter setzte Wagner in wichtige Parteiämter ein, z. B. als einen der 26 „Kreisleiter" im Gau. Dabei kamen so gut wie immer Alt-Nationalsozialisten der ersten Stunde zum Zuge. Der Kreis Weilheim-Murnau ging an den Volksschullehrer Ludwig Siegerstetter (1890 - 1950)[4]; in seiner Geschäftsstelle, Am Mittleren Graben 10 in Weilheim, hatte er lediglich sieben Mitarbeiter. Es fehlten einfach Parteimitglieder. Vor allem mangelte es in ganz Oberbayern an fähigen, vom Nationalsozialismus tief überzeugten Führungskräften.[5]

Das führte in Weilheim im Jahr 1934 zur kuriosen Situation, dass für den erkrankten Bürgermeister ein gerade mal fünfundzwanzig Jahre alter Verwaltungsbeamter des mittleren Dienstes[6] aus München zum Nachfolger erkoren wurde: Der hochgewachsene Hans Wiedenmann (*09.05.1909 †08.02.1999) hatte sich als SS-Mitglied bei zahlreichen Auseinandersetzungen mit politischen Gegnern, z. B. am 01.02.1931 bei einer „Saalschlacht" in Murnau, als „schlagkräftig" erwiesen und trug das goldene Parteiabzeichen:

Abb. 1: Hans Wiedenmann im Jahr 1934. Foto in der Münchner Zeitung vom 05.11.1934, S. 8

---

[4] Siehe dazu: (Lory 23.06.2018), der ausführlich über Kreisleiter Siegerstetter berichtet.
[5] Siehe Fußnote 3, S. 202
[6] Dienstbezeichnung „Kanzleisekretär"; entspricht heute einem Beamten der Besoldungsgruppe A 6

Wiedenmann bezog eine geräumige Dienstwohnung (mietfrei, was zunächst geheim gehalten wurde) und erhielt dazu eine monatliche Aufwandsentschädigung in Höhe von 300 Reichsmark

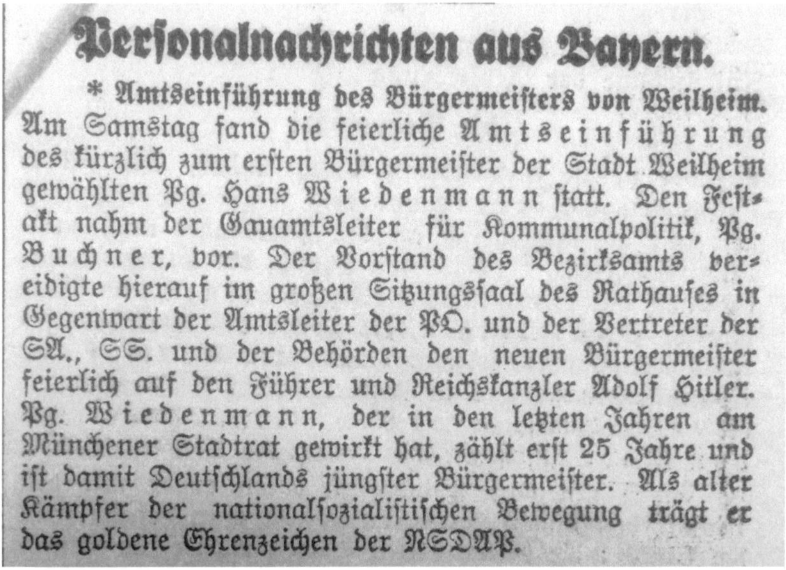

Personalnachrichten aus Bayern.

* **Amtseinführung des Bürgermeisters von Weilheim.** Am Samstag fand die feierliche A m t s e i n f ü h r u n g des kürzlich zum ersten Bürgermeister der Stadt Weilheim gewählten Pg. Hans W i e d e n m a n n statt. Den Festakt nahm der Gauamtsleiter für Kommunalpolitik, Pg. B u ch n e r, vor. Der Vorstand des Bezirksamts vereidigte hierauf im großen Sitzungssaal des Rathauses in Gegenwart der Amtsleiter der PO. und der Vertreter der SA., SS. und der Behörden den neuen Bürgermeister feierlich auf den Führer und Reichskanzler Adolf Hitler. Pg. W i e d e n m a n n, der in den letzten Jahren am Münchener Stadtrat gewirkt hat, zählt erst 25 Jahre und ist damit Deutschlands jüngster Bürgermeister. Als alter Kämpfer der nationalsozialistischen Bewegung trägt er das goldene Ehrenzeichen der NSDAP.

Abb. 2: Münchner Zeitung vom 05.11.1934, S. 8. Die Abkürzung "Pg." steht für "Parteigenosse".

(RM) netto. Das war damals viel Geld; ein Facharbeiter hatte einen Stundenlohn von etwa 1 RM, bei einer üblichen 48-Stunden-Woche also etwa 200 RM brutto im Monat.
Die Parteileitung unternahm einiges, um die Akzeptanz in der Bevölkerung zu erhöhen. So sollte die 7.000-Einwohner-Stadt 1935 ein neues Rathaus erhalten. Auch um die Finanzierung sicher zu stellen, holte man die Stadtsparkasse „ins Boot". Geplant war ein repräsentativer Bau mit einer Schalterhalle im Erdgeschoss und Verwaltungsräumen in den oberen Stockwerken. Bei einem Architektenwettbewerb gab es mehr als 50 Entwürfe, gewonnen hat Johann August Simbeck aus München. Es ist anzunehmen, dass die NSDAP alle

Wettbewerbsteilnehmer überprüfte. Ursprünglich sollte das Gebäude der Stadt gehören und die Stadtsparkasse durch eine Mietvorauszahlung für sechzig Jahre in Höhe von 120.000 RM den Bau finanzieren.

Die Fachaufsicht der Regierung von Oberbayern lehnte diesen abenteuerlichen Vorschlag ab. Die Baukosten wurden mit 196.000 RM veranschlagt, 2/3 davon konnte die Stadtsparkasse aus Eigenmitteln aufbringen, 1/3 die Stadt aus ihrem Vermögen. An der feierlichen Grundsteinlegung 1935 nahmen natürlich die örtlichen Partei- und Verwaltungsgrößen teil:

Abb. 3: Grundsteinlegung zum Weilheimer Rathausbau. Links, mit Vollbart, im Profil, Kreisleiter Ludwig Siegerstetter. Rechts daneben, Ortsgruppenleiter Alois Urlberger. Rechts daneben, mit Amtskette in schwarzer SS-Uniform, Bürgermeister Hans Wiedenmann. Vorne rechts, mit weißem Arbeitskittel und Hut, Maurermeister Konrad Oswald. Foto: Stadtarchiv Weilheim.

Für die ortsansässigen Handwerksfirmen war das ein willkommener Großauftrag und für die Parteiführung ein

Propagandaerfolg. Damals waren Bauvorhaben vor allem Handarbeit. Viele bislang Arbeitslose hatten wieder Lohn und Brot.

Abb. 4: Rathausbaustelle in Weilheim, Herbst 1935. Foto: Stadtarchiv Weilheim.

Der tatsächliche Baukostenaufwand belief sich dann auf 321.749 RM. Die Mehraufwendungen musste die Stadtsparkasse tragen, dafür erhielt sie einen größeren rechnerischen Anteil am Grundstück.
Auch damals gab es schon zu niedrige Baukostenschätzungen.

Natürlich hat die Parteiführung das Bauvorhaben und das Richtfest groß inszeniert. Allerdings mit mäßigem Erfolg, was die Zahl der Parteimitglieder anging. Das Staatsarchiv in München verzeichnet für Weilheim im Jahr 1936 lediglich 326 NSDAP-Mitglieder – etwa 4,5 % der Einwohner, weit unter dem Landesdurchschnitt.

Abb. 5: Richtfest des Rathausneubaus in Weilheim 1935 Foto: Stadtarchiv Weilheim.

Abb. 6: Fertigstellung des Rathauses 1936. Das Kruzifix im Vordergrund ließ die Parteiführung stehen; es wurde erst im Zuge einer Straßenverbreiterung nach dem Krieg versetzt. Foto: Stadtarchiv Weilheim.

1936 bereitete sich das Deutsche Reich auf einen neuen Krieg vor. Adolf Hitler befahl die „Wehrhaftmachung"; in vier Jahren sollte die deutsche Wirtschaft „kriegsfähig" und die Armee einsatzfähig sein.[7] So entstand ein Vier-Jahres-Plan zur Aufrüstung mit zahlreichen Kasernenneubauten und Investitionen in die Infrastruktur. Auch in Weilheim ging deshalb die Arbeitslosigkeit zurück. In diesem Zusammenhang ist der Bau der „Olympiastraße" von München über Weilheim nach Garmisch zu den Olympischen Spielen zu erwähnen.

Allerdings fehlte es an Geld und viele Vorhaben waren unwirtschaftlich. Hermann Göring, Bevollmächtigter des Vier-Jahres-Plans machte bei einer Rede die Vorgabe: „Egal, was es kostet!"[8] Die Reichsführung behalf sich deshalb mit einer Tarnorganisation um die enormen Ausgaben zu verschleiern (schon nach wenigen Jahren waren das über 10 Milliarden Reichsmark): Die auf Anweisung der NS-Regierung im Mai 1933 von Krupp, Siemens, Gutehoffnungshütte und Rheinmetall gegründete „Metallurgische Forschungsanstalt" (mefo) verfügte angeblich über erhebliche Finanzmittel (in Wirklichkeit war es nur eine Million Reichsmark) und „garantierte" die Rückzahlung der Wechselkredite bis 1938 „oder später" – eine gigantische Staatsverschuldung und eine versteckte Inflation.

Zeitgleich stellte man wirtschaftlich erfolgreiche und zugleich ressourcensparende Unternehmen besonders heraus, es entstand im ganzen Reich ein „Leistungskampf der Betriebe". Die „Deutsche Arbeitsfront" entwickelte das Modell eines „nationalsozialistischen Musterbetriebs", welcher dann jeweils am 1. Mai von Adolf Hitler persönlich ausgezeichnet wurde und

---

[7] Siehe dazu ausführlich: (Hitlers Vierjahresplan) https://www.ifz-muenchen.de/heftarchiv/1955_2_5_treue.pdf
[8] Siehe ebd., Seite 202

am Betriebsgebäude eine goldene nationalsozialistische Fahne hissen konnte/musste. In Weilheim war das 1938 beim Sägewerks- und Holzverarbeitungsbetrieb Fritz Neidhart der Fall.

Abb. 7: Hauptgebäude des "nationalsozialistischen Musterbetriebes" Fritz Neidhart 1938 mit goldener Fahne der Deutschen Arbeitsfront. Foto: Stadtarchiv Weilheim.

In der Presse wurde groß berichtet. Allerdings lässt sich feststellen, dass dieser Betrieb damit nicht – wie andere das taten – groß Werbung machte. Das Wohl der Arbeiter bei zugleich modernen, Rohstoff sparenden Produktionsverfahren war hier wohl wichtiger als die nationalsozialistische Gesinnung.

> Eine Dampfanlage, die 500 PS erzeugt und ausschließlich mit unverkäuflichen Holzabfällen geheizt wird, überträgt alle Kraft über 2 Generatoren auf 84 Elektromotore. Der Dampf hat damit seine Arbeit noch nicht vollendet. Seine zweite sehr wichtige Aufgabe ist das rasche künstliche Trocknen des anfallenden Schnittholzes.

Abb. 8: Auszug aus „Das alte und neue Weilheim"; Das Bayernland, 50. Jg., Heft 17/18, Sept. 1939. Auszeichnung des holzverarbeitenden Betriebes Fritz Neidhart in Weilheim/OB. zum "nationalsozialistischen Musterbetrieb" im Jahr 1938.

Die Parteiführung wurde mit der Amtsführung des Kreisleiters Siegerstetter immer unzufriedener. Zwar hielt er gute Reden, vernachlässigte aber die Aufsicht über die zahlreichen Ortsgruppenleiter und weitere Parteigenossen. Schließlich ersetzte man ihn im Jahr 1938 durch den deutlich jüngeren Anton Dennerl, geb. 02.05.1911, der bis zum Kriegsende Kreisleiter blieb.

Abb. 9: Anton Dennerl, Kreisleiter der NSDAP in Weilheim von 1938 - 1945. Foto: privat.

Dennerl unterschied sich von seinen oberbayerischen Kreisleiterkollegen deutlich. Die Historikerin Barbara Fait bezeichnet ihn sogar als einen „Widerständler".[9] Warum? Darauf wird später noch näher eingegangen.

Im Zuge der „Wehrhaftmachung" gab es 1938 auch eine staatlich verordnete „Auflösung von Industrieballungen". Der Führer wollte angreifenden Bombern keine „lohnenden Ziele" bieten. Stuttgart war so ein Ballungsraum und deshalb durfte ein dort wachsender Betrieb die Grenze von 100 Mitarbeitern nicht überschreiten. Walter Zarges hatte einen aufstrebenden, Aluminium verarbeitenden Betrieb in Stuttgart-Zuffenhausen mit knapp hundert Mitarbeitern. So musste er sich wohl oder übel einen neuen Standort suchen – möglichst mit Bahnanschluss und näher am größten Aluminiumproduzenten des Reiches, den Vereinigten Aluminiumwerken in Töging am Inn.

Relativ schnell war auch das attraktiv gelegene Weilheim im Gespräch. Dazu notierte Bürgermeister Wiedenmann am 04.04.1938: „Zweigniederlassung eines württembergischen

---

[9] (Fait 1988) S. 271ff.

Leichtmetallwerkes benötigt 6.000 qm Gelände, mit Strom- und Wasseranschluss, Belegschaft später 100 Mann, 40% Facharbeiter, 10 % Frauen."

Die Weilheimer Stadtverwaltung einigte sich mit Walther Zarges, nachdem eine staatliche Kreditzusage vorlag, und stellte eine geeignete Fläche mit Bahnanschluss und Verladerampe zur Verfügung. Im Jahr 1939 begannen die Bauarbeiten. Für die 20 Verwaltungskräfte und 70 Arbeiter bemühte sich der Bürgermeister um Unterkünfte.

Aus Tarngründen legte man das Betriebsgelände wie einen landwirtschaftlichen Großbetrieb an. Bilder einer Luftaufklärung würden lediglich einen Milchhof zeigen. In Wirklichkeit hatte das Weilheimer Zarges-Werk damals als Zulieferbetrieb für die Flugzeugproduktionen der Firma Messerschmidt in Augsburg und der Dornier-Werke in Oberpfaffenhofen bzw. Murnau-West eine hohe Bedeutung – und die nahm während des Krieges sogar noch zu. Weiterentwicklungen und Leistungssteigerungen der Jagdflugzeugmodelle waren ohne die hochfesten Leichtmetallkomponenten der Weilheimer Firma nicht zu realisieren, das hatten auch die zuständigen Rüstungsämter des Reiches erkannt.

Indirekt lässt sich auf den Stellenwert des Betriebes an Hand eines Details schließen: Ein Brief von Walther Zarges an die zuständigen Behörden genügte, um Bürgermeister Wiedenmann im Herbst 1939 als „unabkömmlich" einzustufen; bis zum Abschluss der Bautätigkeiten wurde er nicht zum Kriegsdienst eingezogen.

*

Abb. 10: Das Zarges-Werk in Weilheim, im Vordergrund, mit dem Rundturm, als Milchhof getarnt. Längs zur Bahnlinie mit Walmdach die Hallen I bis III, dahinter mit Flachdach die große Halle IV. Die Bahnstrecke München - Weilheim wurde bereits 1925 elektrifiziert. In der Bildmitte an den Gleisen das Betonwerk Geisenhofer.
Foto: Zarges (um 1950)

Die Nationalsozialisten sahen sich als Ausnahmeerscheinungen, beweihräucherten sich in ihren Reden und Schriften ständig selbst. Die Parteigenossen („Pg.") der NSDAP kamen sich deshalb wie eine Elite vor. In ihrer personalisierten Parteikultur war alles auf die führenden Männer ausgerichtet. Sie trauten sich einfach alles zu. Die NS-Ideologie überhöhte sie immerwährend als herausragende "Persönlichkeiten". Schon Hitler schrieb in "Mein Kampf", dass es allein auf "große Männer" ankomme.

Deshalb verwundert es nicht, dass der junge Bürgermeister Hans Wiedenmann, seit dem 01.04.1937 nun hauptamtlich tätig, trotz jetzt 612,12 RM monatlicher Nettobezüge sich immer häufiger zusätzlich aus der Stadtkasse bediente. Das Fass war voll, als er entschied, die von der kinderlos verstorbenen Justizratswitwe Überreiter der Stadt vererbten Villa an der Münchner Straße 35 als neue „Dienstwohnung" selbst zu beziehen. Er ordnete einen Umbau an; dazu wurden aus dem Barnachlass der Witwe

Abb. 11: Villa Überreiter an der Münchner Str. (damals Hausnr. 35) in Weilheim im Jahr 1938. Die breit ausgebaute Straße ist Teil der neuen „Olympiastraße" von München nach Garmisch-Partenkirchen. Foto: Stadtarchiv Weilheim

17.598,50 RM entnommen. Als monatliche Miete setzte Wiedenmann, ohne den Stadtrat einzuschalten, 60 Reichsmark fest – deutlich unter dem Marktwert.
Außerdem musste die Stadt für seine Extra-Garderobe aufkommen, so z. B für einen Pelzmantel (220 RM) und einen

Frack mit weißer Weste (596 RM) um die Stadt beim Stapellauf des nach dem Weilheimer Admiral Hipper (Befehlshaber im 1. Weltkrieg) benannten schweren Kreuzers der Kriegsmarine „angemessen" repräsentieren zu können.

Das konnte die Parteiführung nicht länger hinnehmen, Kreisleiter Dennerl schritt ein. Es kam zum Disziplinargerichtsverfahren, Hans Wiedenmann wurde am 19.08.1940 seines Postens enthoben. Er fiel aber nicht allzu hart, durfte zunächst in der Villa verbleiben und war ab 01.09.1940 in der Parteizentrale in München bis zum Kriegsende als Verwaltungsmitarbeiter beschäftigt. Dazu hielten sich Gerüchte, lediglich persönliche Differenzen zwischen Bürgermeister und Kreisleiter hätten zur Absetzung geführt. Dem widersprach Dennerl nach dem Krieg in einem handgeschriebenen Brief aus dem Internierungslager Moosburg.

Zum kommissarischen Bürgermeister ernannte die Parteiführung Fritz Neidhart. Als ortsansässiger Unternehmer bestens vernetzt und zugleich Führer eines nationalsozialistischen Musterbetriebs war er aus Sicht der Nationalsozialisten der ideale Kandidat. Die Parteigenossen hatten mit Weilheim Großes vor. Erst vor kurzem wurden im Stadtarchiv Pläne aus den Jahren 1940/41 entdeckt, die zeigen, wie umfangreich Weilheim umgestaltet werden sollte. Der kommissarische Bürgermeister unterzeichnete zwar die Pläne, wollte sich wohl aber wieder auf seine Unternehmensführung konzentrieren. Schließlich übernahm im Jahr 1944 Josef Sprenger als neuer Bürgermeister das Amt.

Abbildung 8 zeigt den Schwerpunkt: Weg mit den christlichen Symbolen, hin zu mehr Platz. Die Stadtpfarrkirche erscheint nur im Grundriss. Dazu kommt ein größeres Gebäude für die Kreisleitung mit einem die Stadtpfarrkirche überragenden neuen Turm:

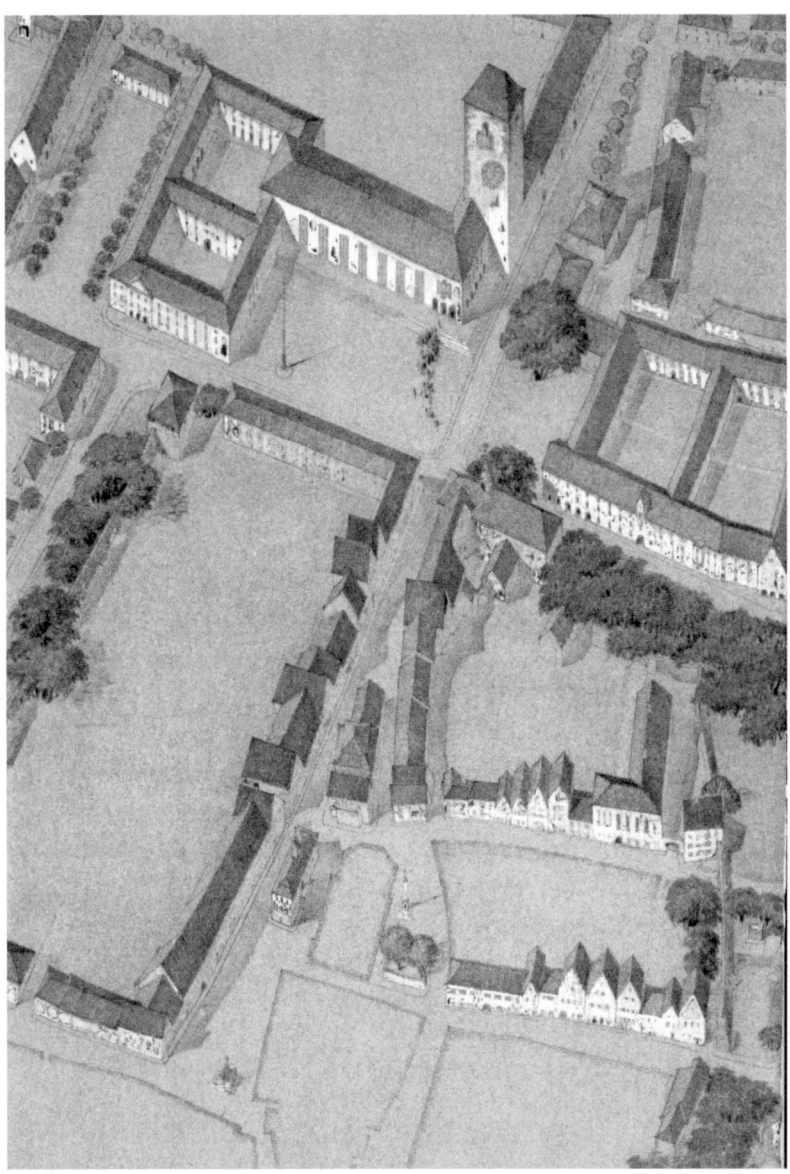

Abb. 12: Die Planung der NSDAP für den Umbau Weilheims "nach dem Endsieg". Planungsstand 1941. Links unten der Stadtbrunnen, die Mariensäule ist auf den Kirchplatz versetzt. In der Mitte, als Eckgebäude das neue Rathaus mit dem neu zu schaffenden „großen Aufmarschplatz". Foto: Stadtarchiv Weilheim

23

2. Schloss Hirschberg

Sieben Kilometer südöstlich von Weilheim, am Haarsee, ließ sich der königlich bayerische Generalmajor Rudolf von Hirschberg in den Jahren 1907 bis 1912 ein neubarockes, für damalige Verhältnisse hochmodern ausgestattetes Schloss errichten – es hatte nicht nur warmes Wasser in den Bädern, sondern auch eine leistungsfähige Zentralheizung.[10]

Abb. 13: Benito Mussolini mit Frau Rachele und den Enkelkindern auf Schloss Hirschberg. Foto: Bildarchiv Bayern

Das Reichsaußenministerium hatte das Gebäude 1943 beschlagnahmt und als „Gästehaus" unter dem geheimen Tarnnahmen „Waldbichl" genutzt.[11] Am 25.07.1943 setzte der italienische König Viktor Emmanuel III. Benito Mussolini als „Führer" ab und ließ ihn inhaftieren. Am 12.09.1943 befreiten deutsche Soldaten den „Duce" unter Beteiligung einiger SS-Männer aus der Gefangenschaft in den Abruzzen und brachten ihn zusammen mit seiner Ehefrau Rachele ins komfortable Schloss am Haarsee. [12]

---

[10] Seine sehr wohlhabende Ehefrau stammte aus der „Bleistiftdynastie" Faber zu Stein bei Nürnberg. Siehe: (Wikipedia 2019) https://de.wikipedia.org/wiki/Schloss_Hirschberg_am_Haarsee (13.10.19)
[11] Ebd.
[12] Siehe dazu den Artikel (Wikipedia 2019): https://de.wikipedia.org/wiki/Unternehmen_Eiche (19.10.19)

Er verbrachte dort einige Tage, am 23.09.43 flog er nach Italien zurück, seine Familie folgte erst im November 1943.

Im Jahr darauf, am 18.10.1944, wurde das Staatsoberhaupt des Königreichs Ungarn, der „Reichsverweser" Admiral Ritter Nikolaus Horthy von Nagybánya, bis zum Kriegsende dort interniert. (Anm.: Im ersten Weltkrieg hatte das kaiserlich-königliche Österreich-Ungarn eine eigene Flotte, Heimathafen an

Abb. 14: Links Nikolaus Horthy in der kaiserlich-königlichen Uniform eines Flottillenadmirals, rechts Adolf Hitler; man sieht das ihm in den letzten Kriegswochen des 1. Weltkriegs verliehene "Eiserne Kreuz" erster Klasse an seiner Brust. Das Foto entstand am 16.04.1943 in Schloss Kleßheim. Bildarchiv München, Nr. hoff-47799

der Adria war Triest. Horthy diente als Admiral. Bei Kriegsende 1918 war er Oberbefehlshaber der Flotte.[13])
Ungarn war schon 1933 Verbündeter des Dritten Reichs, seine Truppen nahmen am Ostfeldzug 1941 teil. Admiral Horthy hatte anfangs ein gutes Verhältnis zu Hitler, ging aber im Kriegsverlauf immer mehr auf Distanz. Angesichts der großen Verluste und der drohenden Niederlage der ungarischen Truppen gegen die westwärts drängende Sowjetarmee versuchte er, mit Stalin einen Waffenstillstand abzuschließen. Hitler erfuhr davon und zitierte ihn zu sich. Dabei warf Hitler dem Reichsverweser auch vor, nicht genug „in der Judenfrage" zu unternehmen. Zudem unterstellte er ihm Geheimverhandlungen mit englischen und US-amerikanischen Regierungsvertretern.[14] Konnte Horthy den Führer zunächst noch beruhigen, war am 15.10.1944 Hitlers Geduld am Ende. In Budapest stationierte SS-Einheiten unter dem Kommando des Sturmbannführers Otto Skorzeny stürzten die ungarische Regierung[15] und nahmen Admiral Horthy fest. Da Skorzeny bereits an der Befreiung Mussolinis beteiligt war und Schloss Hirschberg daher kannte, ist es möglich, dass man deshalb Admiral Horthy nach Weilheim verlegte. Zur Bewachung wurde ein Zug (90 Mann) SS-Soldaten aus der Wachmannschaft des KZ Dachaus eingeteilt. Admiral Horthy, seine Frau Magdolna und seine Schwiegertochter Ilona Gräfin von Edelsheim-Gyulai (die Witwe seines gefallenen ältesten Sohnes István) konnten sich im Raum Weilheim relativ frei bewegen. Mit der Zeit fanden deshalb auch immer mehr Ungarn in Weilheim Zuflucht.

---

[13] siehe z. B (Reinert-Tárnoky 1976) https://www.biolex.ios-regensburg.de/BioLexViewview.php?ID=976 (06.10.19)
[14] Protokoll d. Sitzung des Kronrates i. Königreich Ungarn vom 19.03.44, S. 3 (Forost Ungarisches Institut 2009)://www.forost.ungarisches-institut.de/pdf/19440319-2.pdf (05.11.19)
[15] Das „Unternehmen Panzerfaust" der SS siehe: (Panzerfaust 2019) https://de.wikipedia.org/wiki/Unternehmen_Panzerfaust (06.10.19)

3. Der Luftangriff am 19.04.1945

Mit Sicherheit waren die Kriegsjahre 1943 und 1944 für die Weilheimer Bevölkerung alles andere als einfach. Immer kritischer wurde die Nahrungsmittelversorgung, es gab die meisten Lebensmittel nur auf "Karten" (in Wirklichkeit ein DIN A 4 Bogen, in Grammeinheiten unterteilt). Dazu kamen die zwangsweisen Einquartierungen der ausgebombten und flüchtenden Menschen. Nicht selten lag ein auf- und abschwellender Sirenenton über der Stadt: „Luftalarm". Das Aufsuchen der Luftschutzkeller gehörte beinahe zur Routine. Allerdings war die Stadt selbst lange nicht im Visier der aus Süditalien anfliegenden alliierten Bomberverbände, die hatten München oder Augsburg als Ziel. Warum dann nach Weilheim?

3.1 Hintergrundinformationen zum Luftangriff

Abb. 15: Vier-Sterne-General Omar N. Bradley. Das offizielle Foto der US Army zeigt ihn im Jahr 1949. Public domain

Zur Beantwortung dieser Frage ist es erforderlich, die Einschätzung der Lage aus Sicht der alliierten Militärführung aufzuzeigen. Anfang April 1945 rechnete einer der ranghöchsten US-Militärführer, der Vier-Sterne-General Omar Bradley, Befehlshaber der 12. US-Heeresgruppe mit 1,3 Millionen Soldaten, noch mit einem ganzen (!) weiteren Kriegsjahr.[16] Diese

---

[16] Vgl. dazu den Bericht in der Zeitschrift SPIEGEL vom 05.06.1964 (Phantom in Bayern 1964) https://www.spiegel.de/spiegel/print/d-46174847.html (10.11.19)

Einschätzung teilte er mit weiteren hohen Militärs. Wie kam es dazu?

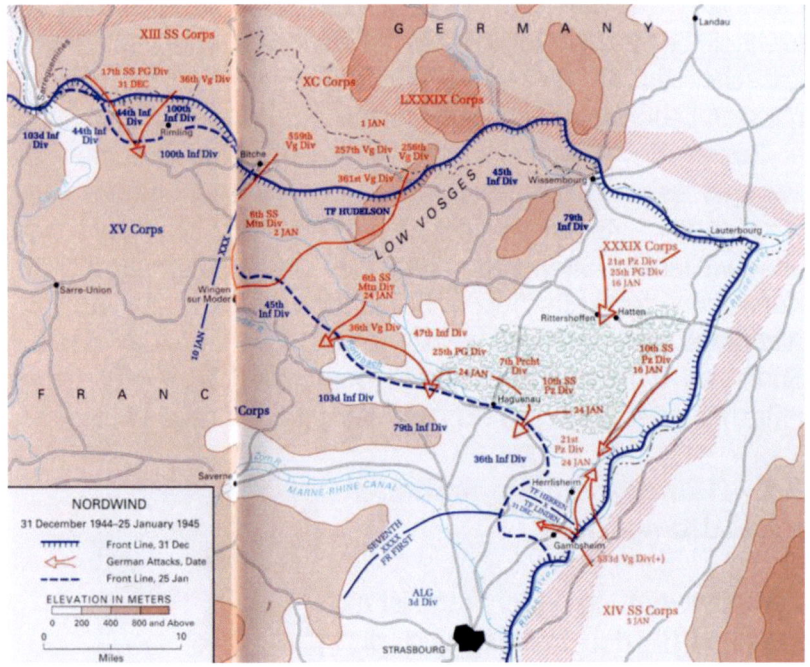

Abb. 16: Lagekarte NORDWIND der US-Army, National Archives, CC-BY-SA-3.0 Lizenz Man erkennt die erheblichen deutschen Geländegewinne bis zum 25.01.1945 (gestrichelte blaue Linie) Links oben, von Nord nach Süd, der erfolgreiche Angriff der 17. SS-Panzergrenadier-Division „Götz-von-Berlichingen". Diese Division wird später im bayerischen Oberland eingesetzt.

Die Wehrmacht hatte im Dezember 1944 und Januar 1945 die angreifenden US-Truppen zweimal deutlich zurückgeworfen. Das erste Ereignis ist vielen als „Ardennenoffensive" bekannt und Gegenstand zahlreicher Publikationen.[17] Das zweite,

---

[17] Vgl. dazu die Zusammenfassung „Kriegserfahrungen" (Staatsarchiv Eupen 2014) https://www.kriegserfahrungen.be/geschichte/zweiter-weltkrieg/hintergrund-ardennenoffensive/ (10.11.19)

„Unternehmen Nordwind", ist hingegen nahezu in Vergessenheit geraten. Im nördlichen Elsass konnte der Oberbefehlshaber West, Generalfeldmarschall von Rundstedt, durch den Einsatz zweier Armeen bis Ende Januar 1945 erhebliche Geländegewinne erzielen. [18] Mit knapper Not, unter erheblichen Verlusten (über 10.000 Gefallene), gelang es der US-Führung ein Durchbrechen der Deutschen auf breiter Front verhindern.

Den Durchhaltewillen und den Kampfgeist der US-amerikanischen Truppen unterschätzte Hitler erheblich. Er entzog dem erfahrenen Generalfeldmarschall v. Rundstedt das Kommando über einen wesentlichen Teil der Truppen und übertrug es dem militärisch völlig unbedarften Reichsführer der SS, Heinrich Himmler – das Ende der Operation Nordwind.

Der Vormarsch zum Rhein war für die US-Soldaten also alles andere als einfach. Zudem wurden sie komplett überrascht. Die eigene Aufklärung hatte diesen massiven Angriff nicht kommen sehen. Als dann noch im März 1945 vier SS-Elitedivisionen einen ebenso unvorhergesehenen und zunächst erfolgreichen Gegenangriff auf die alliierten Kräfte in Ungarn am Plattensee starteten, war das US-Oberkommando noch vorsichtiger.

Dazu kamen unklare Geheimdienstberichte. Bereits im Herbst 1944 gelangte ein Schreiben des Gauleiters von Tirol-Voralberg, Franz Hofer, in die Hände des US-amerikanischen Gesandten in der benachbarten Schweiz, Allan W. Dulles, dem späteren CIA-Direktor. Darin enthalten waren konkrete Festungspläne für Tirol. Ein Spion, aller Wahrscheinlichkeit nach gut über das Schweizer Reduit informiert, berichtete von der „im Bau" befindlichen deutschen „Alpenfestung" nach Washington ins „Office of Stategic Services" (OSS), dem damaligen Geheimdienst. Er wies

---

[18] Details siehe: (Wikipedia 2019)
https://de.wikipedia.org/wiki/12th_Army_Group (30.10.19)

auf die Folgen hin, wenn deutsche Kampftruppen sich dort verschanzten. In den USA kam es daraufhin zu zahlreichen spekulativen Veröffentlichungen zum Thema „Alpenfestung".[19]

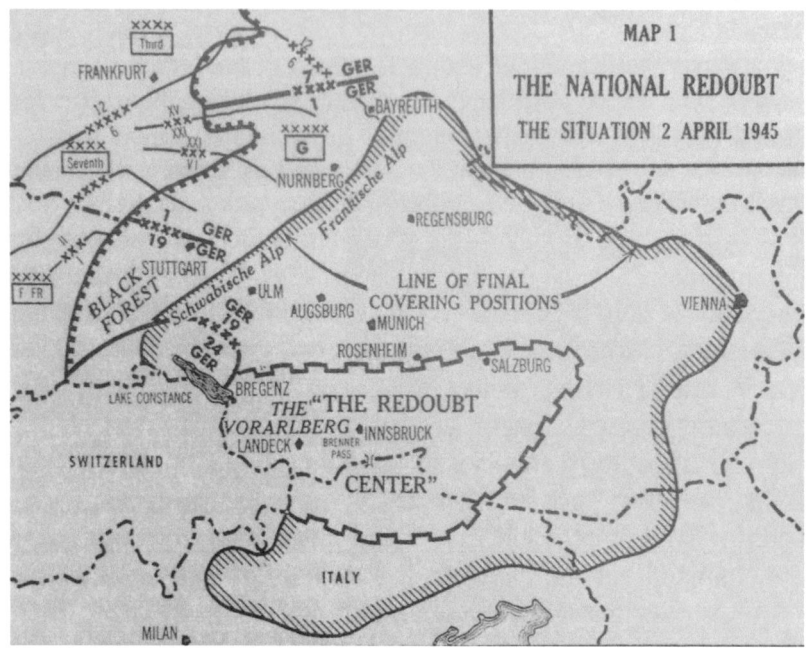

Abb. 17: Lagekarte des mutmaßlichen „REDOUBT". US-Army, National Archives, CC-BY-SA-3.0 Lizenz. Die Beschriftung „GER 19" (bei ULM) zeigt korrekt, dass die 19. Armee Oberbayern verteidigt.

Vielleicht verbargen sich ja in einer geheimnisvollen „Alpenfestung" noch weitere SS-Divisionen? Womöglich mit „Wunderwaffen" ausgestattet? So eine Alpenfestung gab es ja wirklich – als Rückzugsraum für die Schweizer Armee im Falle eines deutschen Angriffs.

---

[19] Vgl.: (Muigg 2007) Die Alpenfestung, oder:
https://deacademic.com/dic.nsf/dewiki/60819#Alpenfestung_in_der_Zeit_d es_Nationalsozialismus

Schließlich erfuhr Propagandaminister Joseph Goebbels von den amerikanischen Überlegungen. Dieser sprang auf den Zug auf und sorgte dafür, dass ab Februar 1945 – von der Schweizer Grenze gut einsehbar – 1000 Arbeiter mit dem „Festungsbau" begannen. Inzwischen bedrängte Gauleiter Hofer den „Reichsleiter" Martin Bormann, Hitler seine Pläne für die „Alpenfestung" vorzulegen. Dazu kam es aber erst am 11.04.1945, als Hofer persönlich bei Hitler in Berlin vorsprechen durfte – mit Erfolg, Hitler willigte in die Erkundung und den Ausbau der Alpenfestung ein. Allerdings ließ man sich Zeit; der detaillierte Ausbaubefehl trägt das Datum 28.04.1945 (!).[20]

Erkundungs= und Ausbaubefehl für die *Kernfestung Alpen:*

1. Auf Befehl des Führers Ausbau, Ausstattung mit Munition und Ver=pflegung, so daß Verteidigung als Bollwerk und zur Aufnahme der Verbände des OB West, des OB Südwest und des OB Südost sowie der Heeresgruppe Süd möglich.

2. Linienführung Füssen – Allgäuer Alpen – Valluga – Arlberg – Mauders – Stilfser Joch – Ortler – Adamello – nördlich Gardasee – Feltre – Caporetto – Karawanken – Unterdrauburg – „Gunther"=Stel=lung, von dort über Leoben – Dürrenstein – Windhofen – Steyr – Brückenkopf Salzburg – Tegernsee – Murnau.

Vorgesehen werden sollte zum Schutz von Industriewerken in Steyr und Linz eine Vor=Stellung in der Linie Dürrenstein – Amstetten – Donau bis westlich Linz – Hausruck. Als starke Stützpunkte sollten ausgebaut werden die Räume Berchtesgaden, Salzburg, Innsbruck, Bo=zen, Villach, Spittal.

3. Trennungslinie.

4. Einsatz.

5. Zivile Leitung durch den Gauleiter Hofer.

6. Durchführung.

7. Dringlichkeit.

Abb. 18: Auszug aus dem Kriegstagebuch des Oberkommandos der Wehrmacht, Band IV, S. 1447, Schramm, Percy Ernst (Hrsg.) Frankfurt, 1961.

---

[20] Kriegstagebuch des OKW, Band IV, S. 1447. (Greiner 1961)
http://www.znaci.net/zb/7_4_2.pdf (30.10.2019)

Eine einsatzfähige Alpenfestung gab es also nicht, eine Fluchtbewegung der nationalsozialistischen Führungskräfte in diese Richtung allerdings schon.

Des Weiteren konnten Vermutungen der Alliierten zu deutschen „Wunderwaffen" nicht mit Fakten widerlegt werden, im Gegenteil: Die deutsche Waffentechnik und der Flugzeugbau waren der US-Industrie offensichtlich um Jahre voraus. Bei den alliierten Soldaten besonders gefürchtet war der deutsche Kampfpanzer „Tiger", der mit seiner Kanone die amerikanischen Panzerungen noch in drei Kilometer Entfernung durchschlagen konnte, selbst aber nur aus kürzester Distanz verwundbar war.[21]

Noch deutlicher wurde der technologische Vorsprung der deutschen Waffentechnik am Beispiel der Me 262, dem ersten Düsenjäger der Welt. Dieser war nicht nur gut 200 km/h schneller als die alliierten Modelle, sondern auch noch mit vier 30mm Kanonen bewaffnet. Da führte oft schon ein einziger Treffer zum Absturz eines alliierten Bombers. Zudem hatte die Me 262 auch noch 24 ungelenkte Raketen R4M als Angriffswaffe gegen Luftziele unter den Tragflächen montiert. Hitler hatte lange Jahre die Produktion dieses Flugzeugs verhindert. Erst im 2. Halbjahr 1944 konnte die Produktion hochgefahren werden. Die Aluminium verarbeitende Firma Zarges in Weilheim war dabei ein entscheidender Zulieferbetrieb. Über die tatsächliche Anzahl dieser Flugzeuge herrschte bei den Alliierten bis zum Kriegsende Unklarheit. Insgesamt wurden 1433 Exemplare gebaut, doch

---

[21] Details siehe z. B.: (Lexikon der Wehrmacht 2019) (30.10.19)
http://www.lexikon-der-wehrmacht.de/Waffen/panzer6.htm

waren nie mehr als 100 gleichzeitig einsatzbereit – es mangelte an Piloten und Treibstoff.[22]

Abb. 19: Eine von der US-Army bei Augsburg im April 1945 sichergestellte Me 262. Der Hangar und das Flugzeug sind mit einem Tarnnetz gegen Luftaufklärung geschützt. Am Bug sieht man zwei Mündungen der insgesamt vier 30-mm-Schnellfeuerkanonen. Die unter den Tragflächen angebrachten „Düsentriebwerke" vom Typ Jumo 004 leisten jeweils 3.500 PS. Im Vordergrund links ein amerikanischer „Half-Truck" mit einem montierten Browning-Maschinengewehr (Kaliber 0.30 inch). Foto: 12th Armored Division, Abilene, Texas, CC-BY-SA-3.0 <u>Lizenz</u>

Die größte Gefahr aber ging aus amerikanischer Sicht von den deutschen Fernstreckenraketen aus. Die V2 genannte Rakete (interne Bezeichnung A 4) hatte schon eine Reichweite von 400 Kilometern. Allein in London kamen bei Einschlägen dieser Fernraketen über 2.700 Menschen ums Leben. Noch am 27.03.1945 gab es in Englands Hauptstadt einen V2-Einschlag, Die Rakete war bis zu fünf Mal schneller als der Schall, der Anflug

---

[22] siehe (Wikipedia 2019)
https://de.wikipedia.org/wiki/Messerschmitt_Me_262

deshalb nicht zu hören.[23] Keiner konnte damals wissen, dass es in diesem Krieg der letzte Treffer war und keiner wusste, wo sich noch versteckte Raketen-Produktionsanlagen befanden – vielleicht in den Alpen?

Entscheidend für den weiteren Operationsplan der US-Army war deshalb die Vermutung, die Nazi-Führung sammelt alle verbliebenen Kräfte in einer „Alpenfestung" und produziert dort die „Wunderwaffen" weiter. Aus heutiger Sicht eine klare Fehleinschätzung der Lage. Versucht man allerdings ohne dieses Hintergrundwissen die der amerikanischen Militärführung damals vorliegenden Berichte auszuwerten, erscheint die Vermutung plausibel. Also erging der Befehl an die 15. US-Luftflotte, damals gut zwei Flugstunden entfernt, im Raum Foggia, Italien, stationiert, alle leistungsfähigen Bahnverbindungen in die Alpen zu unterbrechen. Ziel war es, den „Rückzug" kampfkräftiger Truppen in die „Alpenfestung" zu erschweren.

Damit waren jetzt auch die Bahnstrecken München-Weilheim-Innsbruck und München-Rosenheim-Kufstein-Innsbruck verstärkt im Fadenkreuz des US-Generalstabs. Zwar gab es bisher schon einzelne Angriffe auf Bahnverbindungen im Süden Deutschlands und in Tirol, jedoch mit eher zufällig ausgewählten Zielen und – bei raschen Reparaturen – kurzfristigem Erfolg.

Der Schwerpunkt der Operationen lag allerdings im Süden der vermuteten Alpenfestung. Am 08.04.1945 begann die Frühjahrsoffensive der alliierten Truppen in Italien in Richtung Norden. Die US-Kampfflugzeuge hatten nicht nur den Angriff zu unterstützen, sondern sollten auch in einer „Brennerschlacht" die wichtige Bahnverbindung nach Norden unpassierbar machen. Bis

---

[23] Vgl. hierzu: (Leicht 2015) Deutsches Historisches Museum Berlin, 2015 https://www.dhm.de/lemo/kapitel/der-zweite-weltkrieg/kriegsverlauf/die-wunderwaffen-v1-und-v2.html (30.10.2019)

zum 25. April waren damit nahezu alle Bomber im Süden gebunden, die zurückflutenden deutschen Truppen sollten die Alpenfestung nicht erreichen.[24]

3.2 Durchführung des Luftangriffs auf Weilheim

Die 15. Luftflotte verfügte über mehr als 1.000 Kampfflugzeuge.

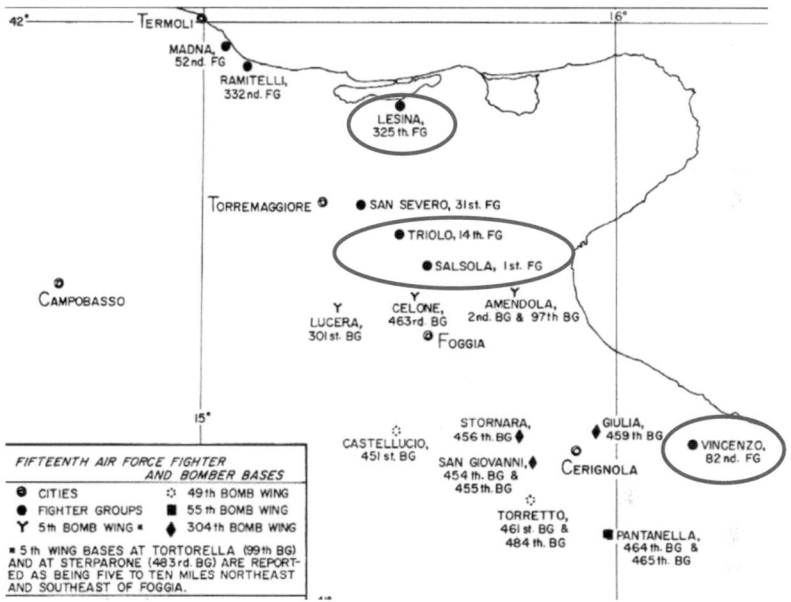

Abb. 20: Stationierung der 15. US-Luftflotte in Italien 1944/45. Eingekreist sind die Standorte der auf Weilheim angreifenden drei Fighter Groups. Der Flughafen in Salsola wurde im März 1945 aufgegeben. Die 1st Fighter Group startete deshalb aus Lesina. Foto: National Archives, Lizenz: CC-BY-SA-3.0 Lizenz

---

[24] Vgl.: (Steininger 2004) Südtirol im 20. Jahrhundert, Blick ins Buch: https://books.google.de/books?id=ErN3DwAAQBAJ&pg=PT149&lpg=PT149 &dq=15+us+luftflotte&source=bl&ots=O09quAHQUC&sig=ACfU3U2nBnit9Cf xsvJOTSOrqAq4ztEqjQ&hl=de&sa=X&ved=2ahUKEwikoKC4nKvlAhVIyqQKHV W1DAI4ChDoATACegQICRAB#v=onepage&q=15%20us%20luftflotte&f=false

Sie verteilten sich auf vier Bombergeschwader („bomb wings") mit Flugzeugen vom Typ B-17 („Fliegende Festung" „flying fortress") und B-24 („Liberator") sowie ein Jagdgeschwader („fighter wing") mit Maschinen vom Typ P-38 („Lightning") und P-51 („Mustang").

Am 19.04.1945 bekämpften alle schweren Bomber der vier „Bomber wings" (insgesamt 619 Maschinen) Ziele in Sterzing, Lienz, Linz, Klagenfurt, Bischofshofen und Rosenheim.

Den Angriff auf den Weilheimer Bahnhof flog deshalb die „305th Fighter wing". Kommandeur war Colonel (Oberst) William R. Morgan. Dazu sammelten sich insgesamt 78 Maschinen vom Typ „Lightning P 38" in etwa 3000 Meter Höhe über Süditalien, was etwa eine ¾ Stunde dauerte. Die Jagdbomber der 1st Fighter Group starteten in Lesina (36 Flugzeuge – drei „Staffeln"). Die restlichen 42 Jagdbomber stammten aus der 14th Fighter Group (Start in Triolo) und der 82nd Fighter Group (Start in Vincenzo).[25]

Abb. 22: Eine Staffel P-38 "Lightnings" im Formationsflug. Foto: National Archives, Foto: CC-BY-SA-3.0 Lizenz

Die zwei V-12-Zylinder-Motoren der „Lightning" mit zusammen 3.200 PS waren nicht gerade sparsam im Umgang mit Flugbenzin. Die normale Reichweite dieses Flugzeugtyps lag nur bei gut 700 km. Für die etwa 2.200 km Einsatzstrecke (hin und zurück) kalkulierten die Einsatzplaner deshalb nicht mit zwei 500 kg schweren Sprengbomben pro Flugzeug, sondern „nur" mit 250 kg-Exemplaren (Typ AN-M43 500-lb Spreng-/Splitterbombe „multi-purpose" mit Kopf- und Bodenzünder).[26] Immerhin ist dieser Sprengkörper 1,44 m lang und mit seiner Füllung aus TNT- und Amatol-Sprengstoff in der Lage, ein mehrstöckiges Gebäude

---

[25] Vgl.: (Carter 1991) Combat Chronology 1941-1945, Seite 682, AFHRA, Maxwell, USA. https://media.defense.gov/2010/May/25/2001330283/-1/-1/0/AFD-100525-035.pdf (30.10.2019)
[26] Da in Weilheim bereits 18 Blindgänger gefunden wurden, der letzte im Juni 2018, ist der Bombentyp inzwischen genau bekannt.

zum Einsturz zu bringen. Somit konnten neben zwei Bomben außen auch „drop tanks" innen zur Reichweitenverlängerung mit zusätzlichen knapp 600 Liter Flugbenzin mitgenommen werden.

Abb. 23: Eine P-38 Lightning vor dem Einsatz. Unter der Tragfläche innen, zwischen Motor und Rumpf, ein „range extender" oder „drop tank" Zusatztank, der gerade befüllt wird. Foto: Air Force Historical Research Agency, Maxwell, USA – mit freundlicher Genehmigung

Mit gut 600 km/h flogen sie in etwa 7.000 Meter Höhe über die Adria nach Norden Richtung Österreich um die schweren Bomber im Bereich der „Brennerschlacht" nicht zu stören. Über dem Millstätter See schwenkte der Verband nach links und erreichte ungestört von deutschen Jägern gegen 10:00 Uhr das Waldgelände im Südosten von Weilheim.

Spätestens jetzt waren die Maschinen in der Stadt zu hören; die Sirene auf dem Rathaus gab „Fliegeralarm" – das ist ein Heulton, der sinusförmig zwischen den Tonhöhen von ca. 200 Hz bis 400

Hz wechselt. Schutz boten „Luftschutzkeller", die z. B. durch Stahltüren und Eisenträger verstärkt waren, oder betonierte „Luftschutzbunker", wie z. B. das Löwenbräu-Depot in der Vötterlgasse.

Einen großen Kreis fliegend, ordneten sich die sieben Staffeln um, von der Marschformation hin zur Tiefflug-Angriffs-Gliederung. Die 20-mm-Kanone in der „Nase" (nose) war zu entsichern, die vier schweren Maschinengewehre mit dem Kaliber 0.50 Zoll (12,7 mm) sind ohnehin immer schussbereit.[27]

Abb. 24: Ein Pilot mit Helfer beim Aufmunitionieren der vier Maschinengewehre Kaliber 0.50 (jedes MG wird mit 500 Schuss geladen) und der 20-mm-Kanone (150 Schuss Kapazität). Siehe Aufschrift auf der Munitionskiste links. Unter der Tragfläche links ist ein Zusatztank zu erkennen. Foto: Air Force Historical Research Agency, Maxwell, USA – mit freundlicher Genehmigung.

---

[27] Siehe dazu in deutscher Sprache: (Wikipedia 2010) https://de.wikipedia.org/wiki/Lockheed_P-38 (21.10.19)

Abb. 25: Die P-38 Lightning von unten, mit "Gabelschwanz". Durch die zwei Motoren war sie sehr wendig, denn die Drehzahl der Propeller konnte man einzeln verstellen. Wegen dieser außerordentlichen Manövrierfähigkeit und des markanten Querruders am Heck nannten sie deutsche Piloten auch „Gabelschwanzteufel". Foto: Air Force Historical Research Agency, Maxwell, USA – mit freundlicher Genehmigung

Aufgrund des guten Wetters (wolkenloser Himmel) war es ein leichtes, das Primärziel „Bahnhof Weilheim" aufzuklären. (Als Ausweichziel kam Murnau mit seinem gut einsehbaren Bahnhof in Frage). Der Angriff erfolgte im Tiefflug als „dive-bomb-attack".[28] Dabei zielte der Pilot mit der „Nase" seiner Maschine. Aus etwa 2.100 m (7000 ft) Höhe begann der Sturzflug (Winkel

---

[28] Details zu dieser Angriffsform sowie technische Daten der P-38 siehe (Military Wiki 2019) https://military.wikia.org/wiki/Lockheed_P-38_Lightning#cite_note-Cesarani-74 (04.11.2019)

etwa 20°), die ausgefahrenen Bremsklappen (flaps) erzeugten dabei ein heulendes Geräusch. Während er mit Leuchtspur-Munition der Maschinengewehre feuerte, klinkte er seine an den „outer hardpoints"[29] unter den Tragflächen befestigten zwei Bomben gleichzeitig in gut 900 m (3000 ft) Höhe aus. Die Bomben „saßen" deshalb außergewöhnlich präzise im Ziel.

Danach zog er sofort steil nach oben – eine große Belastung für Pilot und Maschine. Zum einen durch die starken Fliehkräfte, zum anderen wegen der jetzt großen Verwundbarkeit bei gezieltem Beschuss durch Flugabwehrkanonen. Nach Zeitzeugenberichten feuerte allerdings kein Flugabwehrgeschütz auf die US-Maschinen, obwohl zumindest bei den Zarges-Werken eines stand. Es fällt schwer, in diesem Zusammenhang von Glück zu reden, doch hätte Flugabwehrfeuer zu einem anderen Verhalten der Angreifer geführt. Um eigenen Verlusten vorzubeugen, hätte man dann die Bomben aus großer Höhe abgeworfen – mit wesentlich größerem Streubereich. Bestimmt wären mehr zivile Gebäude zerstört und mehr Menschen getötet worden.

So stürzten sich die Jagdbomber in drei Wellen nacheinander von Süden her auf das gut sichtbare Ziel, den Bahnhof, immer zwei Maschinen nebeneinander, schräg versetzt. Während des Sturzfluges schossen sie aus der 20-mm-Bordkanone und den Maschinengewehren. Aufgrund des Trefferbildes kann man davon ausgehen, dass sehr erfahrene Piloten am Steuerknüppel saßen. Unglücklicherweise stand mitten im Bahnhof ein Lazarettzug mit rund 400 ungarischen verwundeten Soldaten, verteilt auf 22-25 kurze Waggons.[30] Üblicherweise bestand ein

---

[29] An den inneren „hard points" waren die Zusatztanks (drop tanks) befestigt.
[30] Dazu liegen schriftliche Zeitzeugenberichte im Stadtarchiv Weilheim.

solcher Zug aus 37 Wagen mit 297 Liegeplätzen, gegen Kriegsende waren sie kürzer. Ein Lazarettzug ist immer ein mit roten Kreuzen markierter Transportzug. Wohin die Reise gehen sollte, konnte noch nicht genau ermittelt werden. Vermutlich nach Süden in die „Alpenfestung".

Abb. 26: Der Bahnhof Weilheim kurz nach dem Angriff. Im Vordergrund ein durch Volltreffer völlig zerstörter Eilzugwagen vom Typ C4i-30. Foto: Stadtarchiv Weilheim.

Die Reichsbahnmitarbeiter reagierten schnell und mutig: Ein Rangierer trennte den Zug, so berichten Augenzeugen, und Lokomotivführer Schindler zog eine Zughälfte nach Norden, in das kurze Industriegleis der Firma Neidhart, heraus aus der Gefahrenzone. Zeitzeugen berichten auch, dass er mit seiner Lokomotive sogar noch zurück zum Bahnhof fuhr, um weitere Wagen Richtung Peißenberg zu schieben, was aber nicht mehr vollständig gelang. Drei ärztliche Versorgungswagen wurden durch die Bomben komplett zerstört.

Der Großteil der Verwundeten verließ den Zug rechtzeitig, zwischen den Angriffswellen waren wenige Minuten „Pause".

Zu den Zahlen gab es nach dem Krieg einige Irritationen. Zuerst ging man von etwa 250 Bomben aus (siehe Abb. 23), was nicht verwundert. Während des Angriffs ist es praktisch unmöglich, die genaue Zahl der Abwürfe zu zählen. Ebenso ging die Polizei von nur 50 Flugzeugen aus (siehe Abb. 23). Die genannten „drei Wellen" des damaligen Berichtes entsprechen der taktischen Vorgehensweise der „Fighter Wings" und sind wohl richtig notiert.

Die nach den Unterlagen der 15. Luftflotte tatsächlich zum Einsatz gelangten 78 Flugzeuge konnten aber nur je zwei dieser „Fünf-Zentner-Bomben" transportieren, denn an den inneren Aufhängungen waren (abwurfbare) Zusatztanks montiert. Also handelt es sich um 156 Sprengkörper.

Waren es anfangs 13 Tote, wurde später die Zahl 25 publiziert. Inzwischen konnte durch genaue Nachforschungen die Anzahl auf 24 reduziert werden. Einer der vermeintlich beim Entschärfen eines Blindgängers zu Tode gekommenen Einwohner der Stadt starb beim Hantieren mit Sprengstoff aus anderer Quelle. Ein Gerücht über womöglich mehr als 400 Todesopfer gilt als eindeutig widerlegt. Die Zahl 400 betrifft wohl die evakuierten ungarischen Soldaten, die zunächst provisorisch in einer Schule, später dann in einem Behelfslager in Eberfing untergebracht wurden.

Mehr Aufschluss bietet der nebenstehende gewissenhafte Bericht des Weilheimer Polizeikommandanten Ferdinand Hauser, Revierleutnant der Schutzpolizei, den er am Tag nach dem Angriff verfasste:

M e l d u n g
Über feindliche Fliegertätigkeit.

==

Angriffsort Weilheim   Landkreis Weilheim
Tag des Angriffes :   19.4.1945
Dauer des Angriffes   10,25 bis 12,25 in 3 Wellen
Anzahl der Feindflugzeuge 50
Das Angriffsziel war der Bahnhof sowie das Bahnhofsgelände
Es handelte sich um einen Tiefangriff von ca 50 Flugzeugen in drei
Wellen.
Die Wetterverhältnisse waren klar, die Sicht sehr gut,wolkenloser
Himmel.
Eigene Abwehr keine vorhanden.
Abgeworfen wurden etwa 250 Sprengbomben,davon vermutlich 9 Blindgänger.
Tote 13   Verwundete 25; darunter 6 schwer,   Vermißt: 1.
Bei den Toten handelt es sich um 5 männliche, 5 weibliche und um
2 Jugendliche unter 14 Jahren aus der Zivilbevölkerung, sowie um
einen ungarischen Soldaten aus einem auf dem Bahnhofgelände stehenden
Lazarettzug.
Sachschäden:
Rüstungsbetriebe: Fa.Zarges-Leichtmetallbau Totalschaden 1/3 des
                      Betriebes.Der Betrieb geht weiter.
Industriebetriebe: 1.) Putzwollreinigungsfabrik Römer Totalschaden
                      und kann in absehbarer Zeit nicht weiterge-
                      führt werden.Es steht noch nicht fest,ob noch
                      aufgebaut wird.
                      2.) Zementwarenfabrik Geisenhofer Totalschaden.
                      An einen Aufbau vorläufig nicht zu denken.
Verkehrsanlagen :1.) Bahnhofgebäude mit Gleisanlagen und Oberleitung.
                      Nördliche Hälfte des Bahnhofgebäudes total zer-
                      trümmert.Auf dem Bahngelände befand sich ein La=
                      zarettzug mit ungarischen Verwundeten.Derselbe ist
                      zum größten Teil ausgebrannt.Weiter dürften noch
                      20 Waggon zerstört sein.
                      2.) Reichspostamt und Telegrafenamt total zerstört.
Wirtschaftsgebäude: Lagerhallen Fischer mit Kelleranlagen (Lebensmittel=
                      lager) total zerstört.
Weiterhin wurde die Druckerei der Weilheimer Zeitung total zerstört.
An Wohngebäuden - Totalschäden: 4 Gebäude.
Landwirtschaftliche Anwesen wurden nicht betroffen.
An Wohngebäuden Teilschäden 13

An Wohngebäuden leichte Schäden 132.
Sämtliche Fernsprecheinrichtungen sind zerstört.
Die Dienststelle des NSKK und der SA total zerstört.Die Dienststelle
des NSKK.befindet sich z.Zt. im Rathaus in Weilheim.Wohin die Dienst=
stelle der SA verlegt wird,ist noch nicht bekannt.
Vollständig obdachlos sind 42 Personen,bei Einbruch schlechter Wit=
terung,dürfte sich die Zahl der Obdachlosen erheblich erhöhen.Die im
Lazarettzug befindlichen Ungarn wurden in der Volksschule in Weilheim
untergebracht.Es handelt sich hier um 400 Personen.Die Verpflegung
ist durch die NSV sichergestellt.Überörtliche Hilfe war nicht erfor=
derlich.
Besondere Vorkomnis keine.
Die Bevölkerung hat sich ausgezeichnet verhalten.Der gesamte Einsatz
war sehr gut.
An Bränden sind zu verzeichnen: 2 Großbrände, 2 Mittelbrände,1 Klein=
brand sowie Brände im Lazarettzug und Güterwägen.Die Brände dürften
durch Bordwaffenbeschuß mit Phosphormunition entstanden sein.
An Kräften wurden eingesetzt: Die gesamte Feuerwehr von Weilheim mit
6 Löschgruppen,sowie 2 auswärtige Löschgruppen (Penzberg und Wielen=
bach)und die Werkfeuerwehr der Fa. Dornier und Zarges.
Technische Nothilfe,Instandsetzungsdienst,Volkssturm,Wehrmacht,Arbei=
ter aus den Rüstungsbetrieben Dornier,Zarges und Neidhart,Kriegsge =
fangene, Gendarmerie und Polizei

Weilheim,den 20. April 1945.
Schutzpolizei - Dienstabteilung.

Rev.Ltn.d.Sch.

Abb. 27: Originalbericht über den Luftangriff in Weilheim (Vorder- und Rückseite),
unterschrieben von Polizei-Leutnant Ferdinand Hauser. Foto: Stadtarchiv Weilheim

Im Einzelnen meldeten die Behörden diese Totalschäden:

- Postamtsgebäude am Bahnhofplatz,
- Wohnhaus Münchner Str. 35
- Geisenhofer-Wohnhaus und Halle, Münchner Str. 43
- Firma Fischer Lagerhalle, Münchner Str. 55
- Wohnhaus Gansneder, Pendelweg 1,
- Rückgebäude Schwarz, Münchner Str. 31

Darüber hinaus sind zu (Prozentzahl in Klammern) zerstört:
- Bahnhof (80 %)
- Telegrafengebäude (70 %)
- Nebengebäude, Münchner Str. 35, (50 %)
- Wohnhaus Geisenhofer, Münchner Str. 39, (60 %)
- Spitalhof, Münchner Str. 38, (60 %)
- Wohnhaus Fischer, Münchner Str. 55, (50 %)
- Wohnhaus Schwarz, Münchner Str. 31, (50 %)
- Weilheimer Zeitung, Setzerei, (80 %)
- Wohnhaus Kuby, Am Öferl 19, (80 %)
- Wohnhaus Roemer, Am Öferl 43, (70 %)
- Zarges Werk, Halle IV (100 %)

Nach dem Einsatz sammelten sich die Flugzeuge („rallye") und flogen in Formation zurück nach Italien. Der gesamte Einsatz dauerte für die Besatzungen etwa acht Stunden – bei bitterer Kälte, denn die Kabine einer Lightning ist nicht beheizbar.

Die Bombenangriffe zielten ebenso auf die zweite Bahn-Zulaufstrecke zur „Alpenfestung". Rosenheim wurde aber nicht so präzise bombardiert, das dortige Stadtarchiv schreibt dazu:

> Der 18. April ging in die Rosenheimer Stadtgeschichte als Tag des schwersten Luftangriffs ein: Innerhalb von 15 Minuten, in der Zeit von 14.40 bis 14.55 Uhr, fielen aus rund 200 Flugzeugen nicht weniger als 1300 Sprengbomben in Zielrichtung Bahnhof und Vorbahnhof, ein Bombenhagel, der 53 Tote, 36 Verwundete und etwa 800 Obdachlose verursachte. „Vom Bahnhofsgebäude blieb nur noch ein kleiner Teil stehen. Im Bahnhofsbereich wurden Gleise in einer Gesamtlänge von mehr als 20 Kilometern zerstört und unzählige Güter- und Personenwagen vernichtet." [31]

---

[31] siehe dazu: (Stadtarchiv Rosenheim 2019)
https://www.stadtarchiv.de/stadtgeschichte/rosenheim-im-3-reich/luftschutz-und-luftangriffe/ (30.10.2019)

In Rosenheim waren B 24 Bomber mit wesentlich höherer Bombenlast im Einsatz. Aus großer Höhe im Überflug abgeworfene Sprengkörper sind weniger zielgenau.

Abb. 28: B 24M "Liberator", viermotoriger Bomber der USAAF mit bis zu 3,6 Tonnen Bombenlast. Foto: National Museum of the USAF, public domain.

Die großen Bomber griffen auch den Bahnknoten Innsbruck an – im Laufe des Krieges insgesamt 22 Mal. Es kam zu großflächigen Zerstörungen. [32]

Die Alliierten erhofften sich durch die zahlreichen Bombenabwürfe eigentlich eine nachhaltige Unterbrechung der wichtigen Bahnverbindungen. Das ist nicht gelungen, die Reparaturen erfolgten schnell. Meist setzte man Kriegsgefangene, Fremdarbeiter und, falls schnell verfügbar,

---

[32] siehe: (Unterrichter, um 1950), Leo, Die Luftangriffe auf Nordtirol im Kriege 1939 – 1945, Tiroler Landesmuseum Ferdinandeum, (30.10.2019) https://www.zobodat.at/pdf/VeroeffFerd_026-029_0555-0581.pdf

Insassen von Konzentrationslagern für die nicht ungefährlichen Arbeiten ein.

Zwischen 7 und 15 % der abgeworfenen Bomben waren „Blindgänger", die zum Teil heute noch in der Erde liegen und nichts von ihrer Gefährlichkeit verloren haben. Gegen Kriegsende produzierten die US-amerikanischen Munitionsfabriken an der Kapazitätsgrenze; fehlerhafte Erzeugnisse nahmen zu.

Eine zuverlässige Zählung der in Weilheim gefundenen Blindgänger gibt es nicht. Revierleutnant Hauser konnte am Tag nach dem Angriff die genaue Zahl nicht wissen, er schreibt ja „vermutlich" 9. Ein oder zwei könnten deshalb heute noch nicht entdeckt sein. Allerdings ist es kaum vorstellbar, dass bei so einer präzisen, von Flugabwehr ungestörten Attacke außerhalb des Angriffskorridors Bomben „verloren" wurden.

Am Tag nach dem Angriff auf Weilheim überflog die 683. Photo-Aufklärungs-Squadron der Royal Air Force mit Flugzeugen vom Typ „Supermarine Spitfire" das Gelände und hielt das Ergebnis in einem Bericht fest [aus dem englischen auszugsweise durch den Autor übersetzt]:[33]

> Der Angriff erfolgte sehr konzentriert auf den mittleren und nördlichen Bahnbereich. Alle Haupt- und Seitengleise sind komplett durch Krater gesperrt, etwa 60 Waggons zerstört. Mindestens zwei Treffer auf Wagen eines Lazarettzuges. Drehscheibe für Lokomotiven ernsthaft beschädigt oder vernichtet. Bahnhofgebäude etwa zu 1/3 zerstört, weitere Gebäude ebenfalls. Fabrik für Flugzeugteile, möglicherweise für Messerschmidt, zu 4/5 komplett zerstört. Mehrere Gebäude im Südteil deutlich beschädigt. Erhebliche Reparaturarbeiten an den Bahngleisen sind im Gange.

---

[33] Der Auswertungsbericht No. D.B.370 vom 20.04.1945 liegt dem Autor vor.

Tatsächlich war Gleis 1 am Tag danach repariert. Zum Einsatz kamen mehrere regionale Bautrupps aber auch Fremdarbeiter und Weilheimer Kriegsgefangene.

Die Zarges-Werke produzierten kaum vermindert weiter. Auch die Betriebsstätte der Firma Dornier aus Oberpfaffenhofen lieferte kurz danach wieder hohe Stückzahlen. Die Weilheimer Zeitung erschien gleich am Tag danach wieder – obwohl ihre Setzerei einen Totalschaden hatte. Gedruckt wurde mit der Setzmaschine des „Oberländer Volksblattes". Allerdings gingen Wochen ins Land, bis alle Gleise repariert waren. Weitere Treffer sind auf dem nebenstehenden Luftbild (Abb. 30) unschwer zu erkennen:

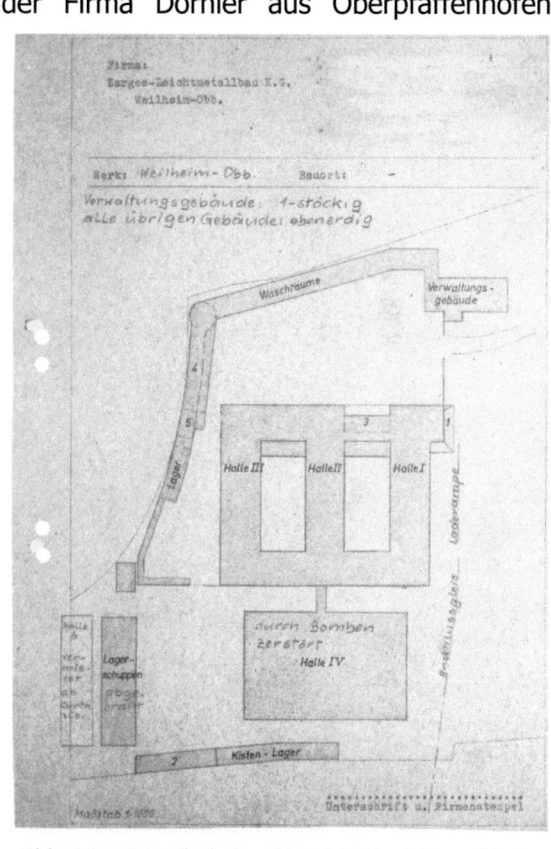

Abb. 29: Zeitgenössischer Grundriss der Zarges-Werke. Parallel die Hallen I bis III. Ein Eintrag bei Halle IV („durch Bomben zerstört") zeigt die Treffer. Zarges befindet sich, mit Anschlussgleis, auf dem Luftbild (Abb. 30) links oben. Foto: Stadtarchiv Weilheim

Abb. 30: Luftbild der 683. Sqd RAF (engl. Aufklärungsstaffel) am Tag danach. Am unteren Bildrand die Stadtpfarrkirche, das Turmdach erhielt Treffer aus Bordwaffen. Die Zerstörungen konzentrieren sich auf den Bahnhofsbereich. Links oben, vier kleine Trichter auf dem freien Feld, gehören nicht zu diesem Angriff. Zur Auswertung wurden diese Bilder i. d. R. stark vergrößert. Foto: US AFHRA, CC-BY-SA-4.0 Lizenz

4. Widerstandsgruppe Weilheim

Auch in Weilheim gab es viele, oft christlich geprägte Menschen, die mit dem Gedankengut der Nationalsozialisten nichts anfangen konnten. Doch echten Widerstand zu leisten, womöglich noch offen für seine Einstellung einzutreten, das konnten sich die wenigsten vorstellen. Schließlich landete man in so einem Falle schnell in den Verhör- und Folterkellern der Gestapo und womöglich noch in „Dachau".

Fanden sich dann doch Gleichgesinnte zu einer Gruppe zusammen, war die Geheimhaltung oberstes Gebot, ja überlebenswichtig. Private Treffen konnten von Spitzeln leicht ausspioniert werden, dazu hatte die NSDAP ja eine kleinteilige Überwachungsstruktur etabliert, bis hin zum „Blockwart".[34]

Deshalb eigneten sich dienstliche Treffen viel besser für konspirative Zusammenkünfte.

Seit 1936 war Theobald Wirth in Weilheim Führer des „Reichsluftschutzbundes" (RLB).[35] Da gemäß Luftschutzgesetz vom 26.05.1935 jeder zur Teilnahme an den Schulungen des RLB verpflichtet werden konnte, erreichte dieser mit seinen regimekritischen Äußerungen eine größere Anzahl an Mitbürgern. Natürlich blieb das den nächsthöheren Parteifunktionären nicht verborgen. Wirth zeichnete sich aber durch hervorragende Fachkenntnisse verbunden mit großem Organisationstalent aus. Auf so einen ist in kritischen Zeiten nicht leicht zu verzichten.

---

[34] In der Umgangssprache heute ein Synonym für „Schnüffler". Die offizielle Bezeichnung war „Blockleiter" mit der Kernaufgabe „Er muss alles erfahren". Vgl. (Internet Archive, San Francisco, USA (non profit) 2019): https://web.archive.org/web/20100715134511/http://www.see-blick.de/lblockwart.html (30.10.2019)

[35] Ab 1939 wurde ausgebildet in Luftschutzvorsorge, Brandbekämpfung, Gasschutz, Erste Hilfe, Meldewesen. Siehe (Wikipedia 2019): https://de.wikipedia.org/wiki/Reichsluftschutzbund (30.10.2019)

Darüber hinaus leistete er als Straßenmeister gute Dienste. Als Verantwortlicher für den Einsatz der zugeteilten Kriegsgefangenen zeigte er im Gegensatz zu anderen Personen Mitgefühl und erreichte gerade damit überdurchschnittliche Ergebnisse. So verwundert es nicht, dass sich seine Vorgesetzten in der Parteihierarchie immer wieder schützend vor ihn stellten. Es war eine Gratwanderung. Besonders gefährlich für ihn war ein Vorgang im Sommer 1942. Wiederholt weigerte er sich, nationalsozialistisches Gedankengut zu vermitteln und drohte, einen Teil seiner Ämter niederzulegen.

Abb. 31: Theobald Wirth, *21.01.1894, † 18.11.1963. Foto: Stadtarchiv Weilheim

Dazu ist im Weilheimer Stadtarchiv ein Schreiben an den „Kreisleiter" und „Obergemeinschaftsleiter" (der Starnberger Kreisleiter Franz Xaver Buchner vertrat damals vorübergehend den Weilheimer Kreisleiter Anton Dennerl) erhalten geblieben. Darin bestätigt der Ortsgruppenführer zwar seine besondere Eignung als Ausbilder und Amtsträger, bittet aber wegen der „passiven Resistenz" von Wirth um „erzieherische Einwirkung" – das führt damals nicht selten direkt ins Konzentrationslager.

Wirth gab nach und beantragte einen „Entgiftungszug", um sich auf mögliche Gasangriffe vorzubereiten. Als „Führer" dieses Zuges berief er gezielt Gleichgesinnte. Die Übungsabende nutzte er für die politische Aufklärung. Seine „Teileinheit" entwickelte sich so zum Rückgrat der Weilheimer Widerstandsgruppe.[36]

---

[36] Vgl. dazu das Urteil im Fall Wirth auf Grund des Gesetzes zur Befreiung von Nationalsozialismus und Militarismus (1949), Stadtarchiv Weilheim.

Reichsluftſchutzbund
Landesgruppe VII/1
Orts-Kreisgruppe Murnau

Fernruf 832
Bankkonto: Gemeindesparkasse Murnau 755
Anschrift: Reichsluftſchutzbund ORG. Murnau, Poſtfach 6

Murnau, den 17. Juli 42
Schloßberg 275a

An den
Herrn Kreisleiter
Obergemeinschaftsleiter
Pg. B o g n e r ,

W e i l h e i m
Otto Nippoldstr.

Ri/Sp/ 4358 /42.

Vorgang: Schreiben der Kreisleitung mit Zeichen F. v.lo.7.42.
Betreff: Führung der Gemeindegruppe Weilheim.

[Absätze wegen fehlender Relevanz weggelassen]

In Weilheim ist der Luftschutzführer Wirth ein hervorragender
Ausbilder und ein Amtsträger mit einem Luftschutzwissen- und Können
wie es in Weilheim keinen Zweiten gibt, jedoch ist die Ortsgruppe
überzeugt, daß Wirth ihr auch in Zukunft ähnliche Schwierigkeiten
bereiten wird und muss die OG hier die Kreisleitung schon jetzt
bitten, auf Wirth als Parteigenosse entsprechend erzieherisch ein-
zuwirken.

Heil Hitler !
Der Ortsgruppenführer:

Hauptluftschutzführer.

An den
Bürgermeister der Stadt
W e i l h e i m
zur Kenntnis und Stellungnahme.

Der Bürgermeister
der Stadt Penzberg
Eing. 2 JUL 1943

Ref. 1/2 /4/5/6/7

er Kreisleiter

bergemeinsc ftsleiter

Abb. 32: Schreiben der Luftschutzgruppe Murnau an den damaligen
Kreisleiter (Pg = „Parteigenosse") Franz Xaver Bogner. Foto: Stadtarchiv
Weilheim

Zur Widerstandsgruppe zählte bald auch der Hausverwalter der Oberschule Weilheim, Ludwig Schedel. Im gleichen Jahr wie Wirth geboren, gelernter Maschinenmeister, ein Mann der Tat. Er war für den Luftschutzkeller der Oberschule zuständig, so ergab sich oft die Gelegenheit, zusammen mit Wirth über das „Kriegsende" nachzudenken. Ende 1944 wurde das Gebäude der Oberschule zum Lazarett; in den Klassenzimmern lagen nun verwundete Soldaten. Chefarzt war Stabsarzt Dr. Hartmann – ebenfalls kein Freund der Nationalsozialisten. Schedel hatte als „Volkssturmführer" einer Kompanie Zugang zu Waffen und Munition.

Abb. 33: Ludwig Schedel, *03.11.1894, ✝ 05.04.1989
Foto: Stadtarchiv Weilheim

Der dritte führende Kopf ist der Apotheker Heinrich Schuster, wenige Jahre jünger und hochmotiviert, das Schlimmste zu verhindern. Schuster verfügt über gute Kontakte, ist „Parteianwärter" seit 1937, Mitglied zahlreicher NS-Unterorganisationen, wie z. B. des NS-Kraftfahrkops. Es ahnt wohl keiner der führenden Militärs und Parteigenossen vor Ort, welcher Gesinnung er ist. Als „Kreischemiker" ist er häufig in Wirths Einheit zu Gast. Im entscheidenden Moment hat er die guten Einfälle und riskiert mehrmals sein Leben. Mit Erfolg, wie die nächsten Kapitel zeigen werden.

Abb. 34: Heinrich Schuster, Apotheker, *23.03.1898, ✝06.08.1977, Foto: Stadtarchiv Weilheim

5. Freitag, 27.04.1945

Leicht bewölkt, tagsüber 6 ° C, kein Nachtfrost

Es herrscht gespannte Ruhe in Weilheim. Gerüchte über die bald vor den Toren der Stadt stehenden Amerikaner machen die Runde. Schongau soll schon erobert sein. Aus der Ferne meint man Kanonendonner zu hören. Vereinzelt überfliegen alliierte Jagdbomber das Gebiet – allerdings ohne das Feuer zu eröffnen oder Bomben abzuwerfen.

Der Weilheimer „Volkssturm" [37], im Herbst 1944 gegründet, errichtet schon seit Tagen Panzersperren aus Baumstämmen. An der Ammerbrücke, auf der Höhe von Tankenrain, am Zellsee, im Salzgraben, am Dietlhofer See und sogar am Hirschberg. „Bataillionsführer" und Kommandeur ist formal Bürgermeister Sprenger, doch der tatsächliche „Führer" ist sein Stellvertreter, Rittmeister a. D. Franz Gäßl, 66 Jahre alt, Kriegsteilnehmer 14/18, im Zivilberuf Gefängnisverwalter. Der Volkssturm besteht in Weilheim aus drei Kompanien, insgesamt sind es knapp 300 Mann, fast alle in fortgeschrittenem Alter und einige wenige Hitlerjungen. Der

Abb. 35: Rittmeister a. D. Franz Gäßl, stellv. Bataillonsführer des Volkssturms in Weilheim, *03.06.1879, †27.06.1966. Foto: Stadtarchiv Weilheim

---

[37] Der SS, also dem „Reichsführer" Heinrich Himmler unterstellte, bisher nicht einzogene ältere Männer und Jugendliche. Siehe: (Scriba, Deutsches Historisches Museum Berlin 2015) https://www.dhm.de/lemo/kapitel/der-zweite-weltkrieg/kriegsverlauf/volkssturm.html (05.11.2019)

Volkssturm verfügt nur über wenig Handwaffen; die Munitionsvorräte sind knapp bemessen.

Am Abend bekommt Apotheker Schuster überraschend Besuch von Medizinalrat Dr. Georg Windsheimer, seit 1939 Bezirksarzt, und dem Rektor der Knabenschule, Anton Schweiger. Sie wollen wissen, ob die Widerstandsgruppe, die wohl aus dem „Gasabwehrdienst" [Wirth] und der „reaktionären" Weilheimer Feuerwehr bestünde, eine feste Organisationsform eingenommen hätte. Apotheker Schuster stellt sich unwissend. Eine geheime Liste kommt zur Sprache, darauf stehen 31 wichtige Nationalsozialisten, die im Falle eines Umschwungs zu verhaften seien. Die beiden Herren wollen aber damit nichts zu tun haben und bitten den Apotheker, dies in die Hand zu nehmen. Als Schuster darauf hinweist, dies alleine nicht bewerkstelligen zu können, nennt Rektor Schweiger den Verwalter Ludwig Schedel als möglichen Gehilfen (!). Der Apotheker lässt sich nichts anmerken; die Gäste gehen wieder.

*

Schon am 15.04.1945 hat Hitler für den Fall, dass er in Berlin verbleibt (so auch geschehen), Generalfeldmarschall (GFM) Albert Kesselring zum Oberbefehlshaber für den „Süden" bestimmt.[38] Dieser ist zugleich der „Oberbefehlshaber West" (OB West) als Nachfolger des erfahrenen GFM Gerd v. Rundstedt, der Hitler gegenüber zu deutlich auf die Aussichtslosigkeit einer weiteren Kriegsführung hinwies und deshalb gehen musste.

---

[38] Siehe Führerbefehl betr. Befehlsgliederung im Nord- und Südraum im Falle einer Aufspaltung [Deutschlands] vom 15.04.45, Nr. 3, abgedruckt im Kriegstagebuch des Oberkommandos der Wehrmacht (Link s. Fußnote 20)

Kesselring erteilt am 27.04.45 diesen Befehl an seine Kommandeure:[39]

20.30 Uhr: Befehl des OB West an den OB der Heeresgruppe G: Der feindliche Durchstoß bis zur Linie Donauwörth — westlich Augsburg — Landsberg — Kaufbeuren — Kempten zwinge zu sofortigen Maßnah=men. Es müsse verhindert werden, daß der Feind von West über Mün=chen in den eigenen Rücken stoße und sich in den Besitz der Gebirgs=ausgänge setze. Deshalb müsse die 17. SS=Pz.=Grenadier=Div. be=schleunigt in den Raum Landsberg und südlich herangeführt und die Front ostwärts des Lech bis zur Paar=Mündung allmählich in die Linie Paar — Augsburg — Landsberg am Lech — oberer Lech — Lechbrück — südlich Kempten — Ostecke Bodensee zurückgenommen werden. Der Verlauf der Isar — Amper und Glonn — Ammersee — Schongau sei als rückwärtiger Riegel vorzubereiten. Vor allem komme es auf das Sper=ren und Verteidigen der Gebirgsgänge nach Norden an. Dazu seien alle Kräfte mit Hilfe der Gauleiter heranzuziehen. Für die Verteidigung sollten die RAD=Regimenter zwischen Kochel und Immenstadt heran=gezogen werden. **!**

Damit wären schwere Kampfhandlungen im Raum Weilheim unvermeidlich, das Gebiet liegt mitten im „rückwärtigen Riegel" (siehe vom Autor angebrachtes großes Ausrufezeichen neben dem Befehl). Offensichtlich will Kesselring das Oberland zum Kriegsschauplatz machen.
Nur Stunden später wird die Heeresgruppe G „deaktiviert". Der noch im Januar 700.000 Soldaten umfassende Großverband ist durch den raschen Vormarsch der US-amerikanischen Truppen auseinandergerissen und kaum noch kampfkräftig. Stattdessen befiehlt der Generalfeldmarschall dem noch einsatzfähigen 13. Armeekorps das Abriegeln des Geländes südlich des Ammersees und das Verteidigen der Gebirgszugänge. Das Kommando führt

---

[39] entnommen aus dem Kriegstagebuch des OKW, S. 1456, s. Fußnote 20, RAD = Reichsarbeitsdienst.

hier der als besonders linientreu bekannte 50jährige Generalleutnant Walther Hahm.

Abb. 36: Generalleutnant Walter Hahm in der Bildmitte. Zu erkennen sind das Ritterkreuz und die Kragenspiegel (goldfarben auf rotem Grund) sowie der Stern auf den geflochtenen Schulterklappen (ebenfalls goldfarben). Rechts ein Stabsgefreiter, links ein weiterer Mannschaftsdienstgrad. Cocker Spaniel waren damals beliebt. Foto (1943): Michael Korn, public domain.

Es gibt im 13. Armeekorps tatsächlich noch eine einsatzfähige Division – die schon von Kesselring genannte **17. Waffen-SS-Panzergrenadierdivision „Götz-von-Berlichingen"** mit über 10.000 SS-Soldaten.

Der junge, 1913 in Sachsen geborene, SS-Oberführer (entspricht etwa einem Oberst mit Gehaltszulage) Georg Bochmann ist hier seit vier Wochen Kommandeur. Bochmann kam früh als Freiwilliger zur SS und „bewährte" sich zuerst als einfacher Wachmann im KZ Dachau. Wegen zahlreicher „Heldentaten" ist er hoch dekoriert.

Die Soldaten der Division befinden sich an diesem Tag mit Masse im Verfügungsraum „Dürnbucher Forst" bei Vohburg an der Donau. Zur Division gehören zwei Waffen-SS-Panzergrenadier-Regimenter, Nr. 37 und 38. Letzteres war bis zum 20.04.1945 an der „Schlacht um Nürnberg" beteiligt und wurde dabei nahezu völlig aufgerieben. Es sind wohl noch knapp 10.000 Soldaten übrig, die zwar kaum noch über schwere Waffen verfügen aber genügend Munition besitzen. Die SS-Führer sind zu allem entschlossen.

Abb. 37: Oberführer Georg Bochmann, Ritterkreuzträger, auf dem Bild noch Sturmbannführer. Foto: Bundesarchiv, 101III-Adendorf, 093-20r

Den US-Soldaten ist diese Division nur zu gut bekannt. Zwei Wochen zuvor stoppte sie in einem mörderischen Häuserkampf, der „Schlacht von Heilbronn", vom 04.04. bis zum 12.04.1945 für über eine Woche den amerikanischen Vormarsch. In der Nacht zum 28.04.45 ergeht an Bochmann der Befehl zum Abmarsch in Richtung Oberland; ein Vorauskommando fährt sofort los.

In Forstenried bei München liegen die restlichen Truppenteile der **212. Volksgrenadierdivision**, etwa 1.000 Mann. Die Soldaten sind hauptsächlich „Volkssturmmänner", teils ungediente oder körperbehinderte Männer vom 16. bis zum 65. Lebensjahr, die von ungeschulten Führern befehligt werden. Dazu kommen genesende, als wieder einsatzfähig eingestufte „echte" Wehrmachtssoldaten aus den Lazaretten und Wachpersonal aus den Kasernen. Das Kommando hat Generalmajor Hans-Jobst Freiherr von Buddenbrock, (Kriegsteilnehmer 1914/18. *1895).

Auch diese Division bzw. das, was noch von ihr übrig ist, wird von Hahm Richtung Oberland beordert. Generalmajor v. Buddenbrock erkundet das Gelände selbst und fährt am nächsten Morgen über die „Olympiastraße" nach Weilheim.

Direkt im Einsatz ist schon die **Nebelwerferbrigade 7** in Landsberg am Lech; sie wird ebenfalls Hahm unterstellt. Vom Schlossberg aus dirigiert Generalmajor Dr. Kurt Paape seine ihm noch verbliebenen rund 600 Soldaten. Schwere Waffen hat er längst nicht mehr. Deshalb sollen Brückensprengungen über den Lech die anrückenden US-Soldaten aufhalten.

Nördlich von Landsberg baut die SS – streng geheim – große, unterirdische Fabrikhallen um dort, vor Bomben geschützt, Kampfflugzeuge herzustellen.[40] Als Arbeitskräfte sind tausende Insassen des Konzentrationslagers Dachau im todbringenden Einsatz, vor dem Eintreffen der US-Soldaten gehen mehrere Bahntransporte dahin zurück. Zum Schluss befiehlt der Lagerarzt, Hauptsturmführer Dr. med. Max Blancke, die Häftlingsbaracken mit „Gehunfähigen" anzuzünden.

Für viele der hier an diesem Tag vorrückenden amerikanischen Soldaten birgt dieser Tag den größten Schrecken des gesamten Krieges: Sie finden über 360 verbrannte Leichen und befreien viele ausgemergelte Häftlinge.[41] Die Gräueltaten der SS verändern ihr Verhalten. Da auch Reichsbahnmitarbeiter, genau wie die SS, eine schwarze Uniform tragen, werden auch diese gefangen genommen und beim geringsten Widerstand sofort erschossen.

---

[40] Bis kurz vor dem Eintreffen der US-amerikanischen Truppen wurde daran gebaut. Einzelheiten siehe: (Gerrits 2019): http://www.freundeskreis-luftwaffe.de/index.php/nachrichten/100-besichtigung-weingut (10.11.19) und (Gedenken im Würmtal 2019) https://www.gedenken-im-wuermtal.de/files/wtn/partner/gedenken-im-wuermtal/archiv/6.2.3.html

[41] Siehe dazu den Bericht: (Wikipedia 2019): https://de.wikipedia.org/wiki/Max_Blancke (01.11.2019)

Die alliierte Militärführung rechnet an diesem Tag mit heftigen Gefechten. Nahezu eine Million bestens ausgerüstete Soldaten stehen bereit, die vermeintliche „Alpenfestung" einzunehmen. Dazu kommen über 1.000 Kampfflugzeuge der 15. US-Luftflotte aus Italien, die nahezu ungestört operieren können, denn inzwischen haben sie praktisch unangefochten die Lufthoheit in diesem Gebiet.

In Bayern greift die 7. US-Armee unter Generalleutnant Alexander McCarell Patch an. Diesem Großverband werden auch französische Kräfte zugewiesen. Die reguläre „B-Armee" der Franzosen besteht aus Kolonialtruppen. Marokkaner, Algerier und Senegalesen bilden das Gros der Einheiten, dazu stoßen Widerstandskämpfer der Resistance. Das Oberkommando der alliierten Streitkräfte hat daraus unter anderem eine Panzerdivision gebildet und mit amerikanischen Waffen, Fahrzeugen und Panzern ausgestattet. Diese Panzerdivision, die „2e division blindée"[42], unter dem Kommando von Generalmajor Jacques-Philippe Leclerc de Hauteclocque, unterstellt General Patch dem XXI. US-Korps. Die amerikanische Militärführung hält die französischen Einheiten etwas im Hintergrund und vertraut mehr auf die Kampfkraft der eigenen Verbände. In den letzten Tagen erzielten diese bedeutende Geländegewinne. Der Übergang über die Donau gelang problemlos. Sogar die Großstadt Augsburg fiel ohne Kampf in ihre Hände. Überall gab es durch die Wehrmacht und SS nur schwachen Widerstand. Das stärkt die bisherige Vermutung, dass Hitler seine Reserven zur Verteidigung der „Alpenfestung" einsetzen will.

General Patch zieht deshalb seine schnellsten Einheiten, die Panzerdivisionen, nach vorne und rechnet spätestens an den Alpen mit heftigem Widerstand.

---

[42] Zur Gliederung der franz. Panzerdivision siehe: (Wikipedia 2019): https://de.wikipedia.org/wiki/2e_division_blind%C3%A9e (09.11.2019)

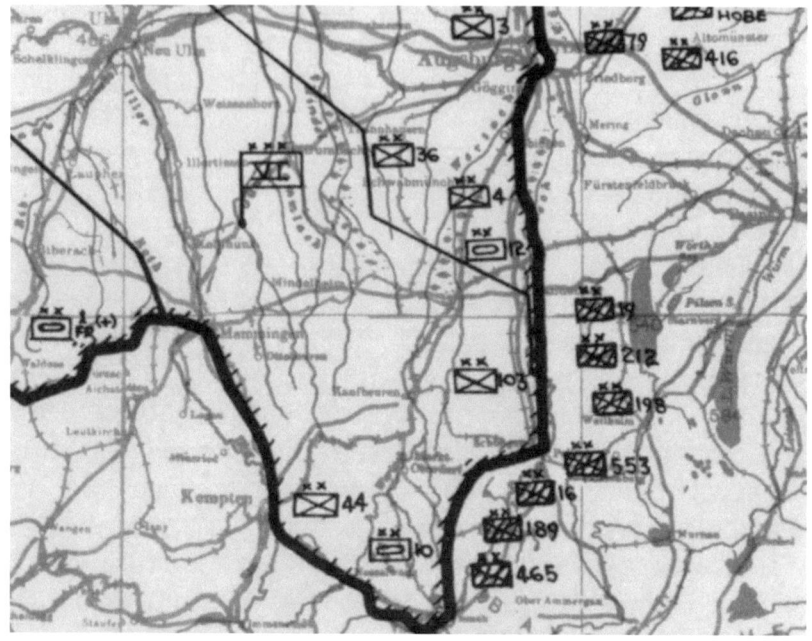

Abb. 38: Lagebild der 12. US-Army-Group am Abend des 27.04.1945. Die dicke schwarze Linie zeigt die FLOT (Forward Line of Own Troops), also die Frontlinie. Ganz links ist die französische Panzerdivision eingezeichnet. Die dünnen schwarzen Linien zeigen die Grenzen der US-Korps; im Süden das XII., nördlich Landsberg – Ulm das XXI. Korps. Reproduktion aus: Library of Congress, Washington, DC, USA, public domain.

Die Lagekarte (Abb. 38) der 12. US-Army-Group, zeigt hinter der schwarzen Frontlinie starke Feindkräfte. (Zur Unterscheidung von den eigenen Einheiten sind die feindlichen Symbole schraffiert dargestellt.) Wären diese Eintragungen zutreffend, stünden den Angreifern knapp 80.000 deutsche Soldaten zwischen Ammersee und Garmisch-Partenkirchen gegenüber. Nun weiß aber auch die US-amerikanische Militärführung, dass viele der Wehrmachtseinheiten nur noch aus wenigen Soldaten bestehen. Der Kräfteansatz mit sechs voll einsatzbereiten Divisionen an der Front ist daher mehr als ausreichend.

Zum besseren Verständnis der Kartensymbole ein Exkurs über Taktische Zeichen in militärischen Lagekarten:

Das häufigste taktische Zeichen ist ein Rechteck mit zwei diagonalen Linien. Es zeigt Infanterie, also eine „Einheit" mit zu Fuß angreifenden Soldaten, die mit bewaffneten Fahrzeugen zum Einsatzort gebracht und von diesen unterstützt werden.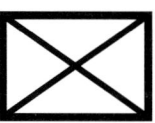
Die Kreuze über dem Zeichen informieren über die Größe der Einheit. Eine Brigade (ca. 4.000 Soldaten) hat ein Kreuz, eine Division (11.000 - 15.000 Mann) zwei, ein Korps (ca. 50.000 Mann) drei, eine Armee (bis zu 200.000 Soldaten) vier.

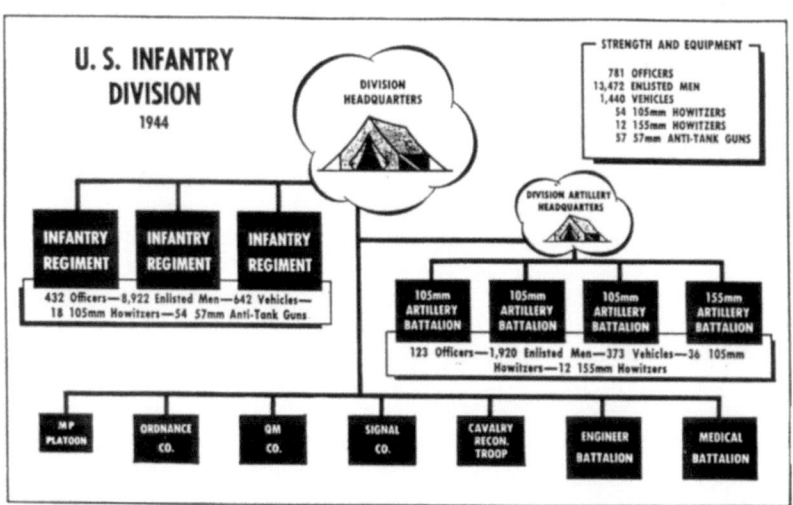

Abb. 39: Schaubild einer US-Infanterie-Division. "Enlistet Men" sind Mannschaften und Unteroffiziere/Feldwebel. Also 14.253 Soldaten mit 1.440 Fahrzeugen, 54 mittleren und 12 schweren Geschützen sowie 57 Panzerabwehrkanonen. Drei Obristen (Colonel) führen jeweils ein Regiment mit knapp 3.000 Mann. Versorgungs- und Aufklärungseinheiten sowie die auf Anhänger gezogenen Artillerie-Geschütze sind direkt dem General unterstellt.
Foto: National Archives (NARA), Washington, DC, USA, public domain.

Ist nun statt der zwei diagonalen Linien ein Oval in der Mitte, wie auf dem Bild rechts, handelt es sich um eine Panzereinheit. Bei zwei Kreuzen darüber also um eine Panzerdivision. Diese gliedert sich etwas anders:

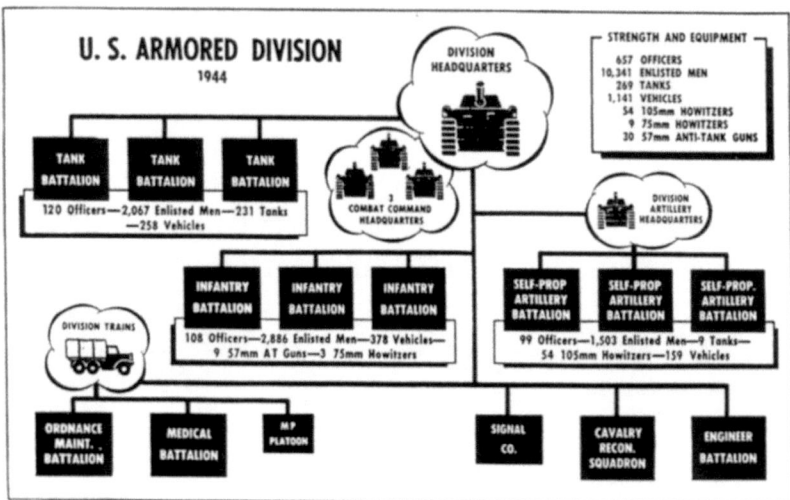

Abb. 40: Schaubild einer US-Panzer-Division. "Enlistet Men" sind auch hier Mannschaften und Unteroffiziere/Feldwebel. Rund 11.000 Soldaten verteilen sich auf drei Panzer („Tank") und drei Infanteriebataillone mit jeweils etwa 750 Soldaten sowie Bataillonen mit selbstfahrenden („self-propelled") Artillerie-Geschützen auf Panzer-Fahrgestellen. Dazu kommen „Pioniere" (Engineers), also Spezialisten für Brückenbau und Minen, u.a. Die Panzerdivision ist somit schneller im Vormarsch als eine Infanterie-Division und verfügt über deutlich mehr Feuerkraft. Foto: National Archives (NARA), Washington, DC, USA, public domain.

Die Kombination aus beiden, also ein Oval mit zwei diagonalen Linien, zeigt eine „Panzergrenadier-Division". Eine Weiterentwicklung, über die vor allem die Wehrmacht und die SS verfügen. Die amerikanische Militärführung hat die Vorteile,

schnellere Beweglichkeit und Feuerkraft, erkannt und „mischt" häufiger die Divisionen. So auch beim Vormarsch im Oberland.

Stehen statt der Kreuze Striche auf den taktischen Zeichen, sind damit kleinere Einheiten gemeint. Ein Strich ist das Symbol für eine Kompanie (130 bis 180 Soldaten) mit einem Captain (Hauptmann) als „Chef".

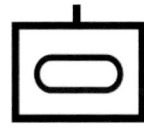

Zwei Striche zeigen ein „Bataillon" mit etwa 750 Soldaten. Den führenden Offizier, einen Lieutenant Colonel (Oberstleutnant) nennt man hier schon „Kommandeur". Es enthält drei bis vier Kompanien.

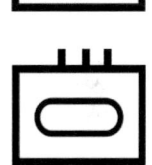

Drei Striche hat das „Regiment". Die 3000 Soldaten führt ein Colonel (Oberst) als Kommandeur. Ein Regiment hat mindestens zwei Bataillone und einige Spezialkompanien, z. B. zum Herstellen von Funkverbindungen. Rechts neben den taktischen Zeichen ist die Nummer der Einheit vermerkt. (siehe Abb. 32)

Bei größeren US-amerikanischen Einheiten korrespondieren die Kreuze auf den taktischen Zeichen mit den „Sternen" der kommandierenden Generale: Der Armee-Kommandeur hat vier Sterne und wird nur „General" genannt. Der Kommandeur eines Korps hat drei Sterne und nennt sich „Generalleutnant" (Lieutenant-General); der Divisionskommandeur besitzt zwei und wird mit „Generalmajor" (Major-General) angesprochen. Einen Stern hat der Brigadekommandeur, der Dienstgrad ist dann „Brigadegeneral" (Brigadier-General).

Die Wehrmacht hat eine andere Reihenfolge. Dort ist der „Generalmajor" der Einstieg in die Gruppe der Generale. Die jeweils nächsthöheren Dienstgrade sind „Generalleutnant", „General" und „Generaloberst". An der Spitze steht der „Generalfeldmarschall".

6. Samstag, 28.04.1945

Bewölkt, leichter Regen, tagsüber 5 ° C, kein Nachtfrost

In Weilheim hört man die ganze Nacht über das Donnern von Kanonen und Sprengungen aus westlicher Richtung. Die alliierten Truppen sind nicht mehr weit entfernt.

Die Stadt gehört zum „Schutzbereich" Murnau. Geführt wird dieser Bereich vom Kommando des I. Bataillons des Ersatz- und Ausbildungsregiments 61. In Weilheim selbst liegt nur eine etwa 120 Mann starke Kompanie dieses Regiments. Hauptaufgabe war es bisher, die wichtigen Rüstungsbetriebe Zarges und Dornier zu schützen. Die Soldaten verfügen nur über leichte Waffen aber genügend Munition. Allerdings ist seit zwei Tagen eine Gruppe SS-Offiziere unter der Führung eines Majors in der Stadt, um die Verteidigung zu planen. Zum „Kampfkommandanten" wird der „Standortälteste", Oberst Witte, bestimmt. In Weilheim befindet sich das „Wehrbezirkskommando", eine Verwaltungseinheit. Der Oberst ist dessen Kommandeur, hat aber jetzt nur beschränkte Befugnisse, denn inzwischen ist Generalmajor Hans-Jobst von Buddenbrock mit seinem Stab in der Stadt eingetroffen (Anm.: Als „Stab" bezeichnet man die zur Führung einer größeren militärischen Einheit unbedingt notwendigen Spezialisten, meist erfahrene Offiziere, Feldwebel und Mannschaften – etwa 50 Mann). Von Buddenbrock erklärt das damalige Amtsgericht zum „Gefechtsstand". Er soll ja mit seiner Division gegen die US-amerikanischen Truppen eingesetzt werden.

*

Um 6 Uhr morgens wird Apotheker Schuster von seiner Hausangestellten geweckt, er möge doch sofort das Radio einschalten. Der Münchner Sender teilt mit: Der Krieg sei aus, in München wäre die „Bayerische Freiheitsbewegung" Herr der Lage. Schuster geht nochmals zu Bett und überdenkt die Situation. Tatsächlich versuchten in dieser Nacht gut 400 Soldaten im Umfeld von Wehrmachtshauptmann Dr. Rupprecht Gerngroß, Chef der Dolmetscher-Kompanie im Wehrkreis VII (München), und Major Alois Braun, Kommandeur der Panzer-Ersatz-Abteilung 17 in Freising, die nationalsozialistische Führung in Bayern zu entmachten.[43] Es gelang, den Rundfunksender Ismaning zu besetzen. In den frühen Morgenstunden hörten die Bürger Überraschendes: „Achtung, Achtung, hier spricht FAB – Freiheitsaktion Bayern......"

Kurz vor 7 Uhr klingelt es bei Apotheker Heinrich Schuster. Theobald Wirth, der Straßenmeister, steht vor der Türe. Er berichtet, dass die einzige Straßenbrücke über die Ammer gesprengt werden soll, um den Vormarsch der amerikanischen Soldaten zu bremsen. Außerdem seien die Vorbereitungen zur Verteidigung der Stadt im vollen Gange. Schuster schlägt vor, sofort einen Boten zum Augenarzt Dr. Nikolaus Beaucamp zu schicken. Dieser hätte Einfluss auf den Bürgermeister. Vielleicht könnte das Stadtoberhaupt bei den Militärs etwas bewirken. Parallel dazu will Wirth möglichst viele Leute auftreiben um aktiv Widerstand gegen die geplante Verteidigung der Stadt zu leisten.

Schuster radelt sofort zur Ammerbrücke. Dort ist ein Feldwebel mit vier Soldaten damit beschäftigt, Löcher für die Sprengung zu setzen und Zünddrähte zu verlegen. Mehrere Anwohner schauen zu. Schuster spricht den Feldwebel an und erklärt, sie sollen die

---

[43] Details siehe z. B. bei (Diem 2015), Freiheitsaktion Bayern (FAB), in: Historisches Lexikon Bayern, 2015: https://www.historisches-lexikon-bayerns.de/Lexikon/Freiheitsaktion_Bayern_(FAB) (02.11.2019)

Arbeiten zur Vorbereitung der Sprengung einstellen und nach Hause marschieren, der Krieg sei vorbei; das wäre im Radio zu hören. Mehrere Anlieger bestätigten die Aussage Schusters. Doch der Feldwebel zweifelt. Er will das von seinen Vorgesetzten hören. Die Arbeiten ruhen einstweilen; der Feldwebel schickt einen Soldaten ins Hauptquartier um einen Offizier zu holen. Schuster radelt daraufhin nach Hause um dort den Mitverschwörer Ludwig Schedel zu treffen. Es ist etwa 9 Uhr.

Straßenmeister Wirth hat inzwischen Bürgermeister Sprenger verständigt. Zusammen mit ihm, Augenarzt Dr. Beaucamp und Pater Dr. Karl Robertz, der seit dem 13.06.44 als Unterstützung für den kränklichen Stadtpfarrer Alois Braunmiller im Einsatz ist, wollen sie im Gebäude des Wehrbezirkskommandos mit Oberst Witte sprechen. Der Oberst empfängt sie, macht ihnen aber keine Hoffnung. Es gäbe einen militärischen Befehl zur Sprengung der Brücke sowie zur Verteidigung der Stadt und daran wäre von ihm nichts zu ändern; der Generalmajor habe den höheren Dienstgrad.

Wirth gibt aber nicht auf. Zusammen mit zweien seiner Stadtarbeiter, Mathias Führer und Alois Berchtold, marschiert er zur Brücke und teilt dem Feldwebel mit, er übernehme jetzt die Verantwortung. Tatsächlich gibt der Feldwebel nach und marschiert mit seinen Soldaten ab. Wirth weist die Arbeiter an, die Brücke zu räumen und die Sprenglöcher zuzuschütten. Er selbst radelt in die Stadt zurück.

Inzwischen hat Volkssturm-Kompanieführer Ludwig Schedel die Initiative ergriffen. Motiviert durch die „Freiheitsaktion Bayern" marschiert er bewaffnet zum Bürgermeister Sprenger und fordert dessen Rücktritt – was dieser ablehnt, wobei er Schedel inständig bittet, einfach wieder zu gehen. Der Vorgang bleibt nicht unbemerkt. Ein SS-Offizier erfährt davon und meldet dies umgehend der NS-Kreisleitung.

Im Laufe des Vormittags gewinnt in München Gauleiter Paul Giesler die Macht zurück. Der Aufstand der „Freiheitsaktion Bayern" wird blutig niedergeschlagen, der Rundfunksender zurückerobert. Dabei kommen SS-Soldaten aus Berchtesgaden zum Einsatz, die Generalfeldmarschall Kesselring zur Verstärkung im Eilmarsch über die Autobahn nach München beordert hatte. Giesler tobt vor Wut, ab 10 Uhr war sein lautstarkes Dementi im Rundfunk zu hören:[44] „Die Partei ist wieder Herr der Lage... ausgerechnet ein Hauptmann Gernegroß......"

In Weilheim wird auf Betreiben der NS-Kreisleitung gegen Kompanieführer Schedel ein Haftbefehl erlassen. SS und Polizei suchen nach ihm, was er aber noch nicht weiß. Sein Vorgesetzter, Volkssturmführer Gäßl, hat es mit der Suche nicht eilig.

Schuster radelt wieder zur Brücke. Dort ist inzwischen der Führer der Pioniere, ein Oberleutnant, eingetroffen und „schimpft wie ein Rohrspatz über die Weilheimer Bevölkerung, dass sich Zivilisten aktiv in die militärischen Dinge einschalten und die Anordnungen der Militärbehörde boykottieren."[45] Schuster erwidert tapfer, dass der Krieg doch ohnehin verloren sei. Der Oberleutnant droht mit „Aufhängen!", woraufhin Schuster es vorzieht, den Ort mit seinem Rad schnell zu verlassen.

Auf dem Weg zurück zu seiner Apotheke trifft er den Bürgermeister. Dieser fordert ihn auf, dafür zu sorgen, dass Ludwig Schedel sofort verschwindet. Es gäbe einen Haftbefehl

---

[44] Siehe Fußnote 39
[45] Wortlaut dem kurz nach Kriegende von Apotheker Schuster verfassten Bericht entnommen. Original im Stadtarchiv Weilheim.

gegen ihn. Außerdem wäre ein starkes SS-Kommando unterwegs nach Weilheim. Schuster überlegt nicht lange und radelt zum Haus von Gärtner Hinner, in dem Schedel mit seiner Familie wohnt. Aber der Gesuchte ist schon untergetaucht, wie er dort erfährt.

Inzwischen hat der Pionier-Oberleutnant dem Kreisleiter über Wirths Aktion an der Brücke berichtet. Die Reaktion des Oberleutnants nach dem Gespräch: „Das kostet ihn den Kopf! Über eine Fernsprechverbindung wird aus München Verstärkung angefordert!"

Wirth hat Zugriff auf die Waffenkammer des Volkssturms; er holt zusammen mit mehreren Getreuen Gewehre und Pistolen und versteckt sie an einem sicheren Ort. Die Männer tauchen für ein paar Stunden unter. Auch der Volkssturm bewaffnet sich. Der militärisch sehr erfahrene Führer Gäßl rät dem Bürgermeister, die Verteidigung der Stadt unter allen Umständen zu verhindern, es würde angesichts der US-amerikanischen Feuerkraft in einer Katastrophe enden.

Gegen 17 Uhr lässt Bürgermeister Sprenger den Straßenmeister Wirth zu sich rufen – jedoch nicht, um ihn festzusetzen, sondern um ihn mit der Räumung einer Lagerhalle zu beauftragen. Der General benötigt Quartiere für seine anmarschierenden Soldaten. Wirth setzt für die Arbeiten die ihm unterstellten 40 amerikanischen Kriegsgefangenen ein. Es ist das letzte Mal, dass sie für ihn arbeiten müssen.

Apotheker Schuster hat den Nachmittag Zeit zum Nachdenken und entwickelt einen Plan, um die Sprengung der Brücke und die Verteidigung der Stadt doch noch verhindern zu können. Er weiht Dr. Beaucamp und den Bürgermeister in sein Vorhaben ein und sucht in den frühen Abendstunden mit den beiden zusammen den Kampfkommandanten, Oberst Witte, auf. Schuster argumentiert so: „In der Ammerbrücke ist die Weilheimer Wasserversorgungsleitung eingebaut. Bei einer Sprengung ist die Wasserversorgung der Stadtbevölkerung in Frage gestellt. Bei den dann ungünstigen Wasserverhältnissen ist ein Ausbruch von Epidemien – wie in früheren Zeiten schon einmal geschehen – die unausbleibliche Folge. Bei einer möglichen Sprengung der zweiten Ammerbrücke, der für die Eisenbahn, wären erhebliche Schäden an den anliegenden, mit Flüchtlingen überfüllten Gebäuden zu erwarten." Oberst Witte ruft den Pionier-Oberleutnant zu sich. Dieser bestätigt den zweiten Teil der Argumentation. Die Bahnbrücke müsste mit mindestens 100 kg Sprengstoff in die Luft gejagt werden. Ja, schwere Schäden an den umliegenden Gebäuden sind zu erwarten.

Oberst Witte sucht zusammen mit dem Apotheker und dem Bürgermeister den Generalmajor v. Buddenbrock im Gebäude des Amtsgerichtes auf. Dieser ist sehr skeptisch, vielleicht erkennt er auch die Finte, denn an der Geschichte mit der Wasserleitung ist objektiv nichts dran. Der ortsunkundige General verlangt einen „Beweis" für die Gesundheitsgefahr. Falls dieser beigebracht wird, unterbleibt eine Sprengung der Brücken. Stattdessen sollen dort Barrikaden aus Baumstämmen errichtet werden. Die Delegation muss unverrichteter Dinge wieder gehen.

Zurück im Wehrbezirkskommando, unterrichtet Witte den Pionier-Oberleutnant, dass einstweilen von der Sprengung abgesehen wird. Da erscheint plötzlich der Ortsgruppenleiter der NSDAP, Alois Urlberger, und berichtet, dass „die Amerikaner" bereits in Utting stehen. Die Nachricht hätte er soeben von einem Parteigenossen per Fernsprecher erhalten. Der Pionieroffizier will daraufhin „sicherheitshalber" schon mal den Sprengstoff anbringen, die Zünddrähte zur Brücke jedoch noch nicht anschließen. Oberst Witte lässt ihn gewähren.

Kurz danach kommt der Bataillonskommandeur aus Murnau, ein Major, zu Oberst Witte. Er habe den Befehl, alle Kräfte in Murnau zusammenzuziehen und müsse deshalb die in Weilheim befindliche Kompanie sofort abziehen. (Hintergrund ist Hitlers Befehl über die „Alpenfestung". Murnau liegt genau auf der willkürlich gezogenen „Festungslinie".) Der Befehl wird sofort umgesetzt und die an den Panzersperren bei Tankenrain, am Dietlhofer See und am Hirschberg eingesetzten Soldaten machen sich auf den Weg nach Süden. Schließlich meldet sich auch noch ein SS-Obersturmführer, der Zugführer der Wachmannschaft auf Schloss Hirschberg, bei Witte. Dieser schlägt dem schwarz Uniformierten den Abmarsch nach Murnau vor. Der SS-Offizier lehnt ab. Er werde bei Marnbach eine eigene Sperre errichten.

In den späten Abendstunden kommt ein Trupp SS-Männer mit Autos und Motorrädern in der Stadt an. Es ist der „Oberführer" (entspricht in etwa dem Dienstgrad Oberst mit Gehaltszulage) Hans Zöberlein mit seinem Gefolge. Die Meldung über den „Aufstand in Weilheim" – gemeint ist wohl der Versuch Ludwig Schedels, den Bürgermeister abzusetzen – hat Gauleiter Giesler in München nicht vergessen. Der hochrangige Zöberlein, Partei-Mitgliedsnummer 869 (in der Zählung ab 1925) ist ein Nationalsozialist der ersten Stunde.[46] Er soll auf Befehl des Gauleiters „hart durchgreifen", was ganz in seinem Sinne war. Zuerst hat er in Penzberg gewütet.[47] Dort verhinderte der frühere SPD-Bürgermeister Hans Rummer die Sprengung des Bergwerks

---

[46] Die NSDAP hatte über 10 Millionen Mitglieder. Je kleiner die Nummer, desto früher der Parteieintritt. Siehe (Scriba, Deutsches Historisches Museum Berlin 2015) https://www.dhm.de/lemo/kapitel/ns-regime/ns-organisationen/nsdap.html (01.11.19)

[47] Details zur „Penzberger Mordnacht" siehe hier: (Mordnacht 2019) http://www.mordnacht.de/28april.shtml (20.11.19)

und setzte, auf die Rundfunkansprache der „Freiheitsaktion Bayern" vertrauend, den Nazi-Bürgermeister ab. Tragischerweise dauerte es nur Stunden, bis die SS wieder die Oberhand hatte. Hans Rummer und sieben seiner Mitstreiter wurden gegen 18 Uhr erschossen, weitere acht Menschen hat der „SS-Werwolf-Führer"[48] Hans Zöberlein hinrichten lassen. Eben dieser fanatische Nazi erscheint am späten Abend mit seinen gut 30 schwer bewaffneten SS-Männern in der Weilheimer Kreisleitung. Das ist eine brandgefährliche Situation für den örtlichen Widerstand, der sich schon aus der Deckung gewagt hatte.

Abb. 41: SS-Oberführer Hans Zöberlein, vorher SA-Führer, *1895, ein Alt-Nationalsozialist, für die Morde in Penzberg zum Tode verurteilt aber nicht hingerichtet. Er starb 1964 in München. Foto: SZ h0011-7518

---

[48] Besonders fanatische Nazi-Parteigenossen verübten in den letzten Kriegstagen Verbrechen an kapitulationswilligen Zivilisten. Der „Werwolf" sollte im Untergrund kämpfen und sabotieren. Vgl.: (Hennicke 2015) https://www.dhm.de/lemo/kapitel/der-zweite-weltkrieg/kriegsverlauf/der-werwolf.html (01.11.19)

Es ist festzustellen, dass spätestens jetzt der Kreisleiter Anton Dennerl nicht mehr hundertprozentig auf Seiten der NSDAP stand, denn es wäre für ihn ein leichtes gewesen, die SS in dieser Nacht zu den „üblichen Verdächtigen" zu schicken und Namen zu nennen. Beides unterbleibt. Im Gebäude der Kreisleitung beschließen die Verantwortlichen, angesichts der vorgerückten Stunde, mit Aktionen gegen die „Widerstandsgruppe" bis zum nächsten Morgen zu warten. Im Hotel Vollmann werden für den „hohen Besuch" schnell Zimmer geräumt. Gegen Mitternacht wechselt der „Oberführer" mit seinen Offizieren dorthin. Es ist wohl der abendliche Alkoholgenuss, der dazu führt, dass der „Werwolf-Trupp" am nächsten Morgen nicht mit dem ersten Hahnenschrei erwacht. Kreisleiter Dennerl ist kein knauseriger Gastgeber.

Oberst Witte überlegt inzwischen zusammen mit seinen Offizieren, Oberstleutnant Tweer und Hauptmann Rieger, wie er die Sprengung der Brücken doch noch verhindern könnte. Eine übliche Methode ist die „Lähmung" der Brücken. Dazu müssten schwere Felsbrocken oder Baumstämme auf die Brücke geladen werden, so, dass ein Panzer sie nicht ohne weiteres wegschieben kann. Vielleicht genügt das dem General v. Buddenbrock. In Weilheim gibt es jedoch nur noch einen Unternehmer, der so viel Holz und Steine mit seinen Lastkraftwagen bewegen kann: Es ist der Leiter des „nationalsozialistischen Musterbetriebes", der Sägewerksbesitzer Fritz Neidhart.
Witte schickt einen Feldwebel los, ihn zum Bürgermeister, dem offiziellen Volkssturmführer, zu bringen:
Fritz Neidhart hat nach dem Krieg dazu einen schriftlichen Bericht verfasst:

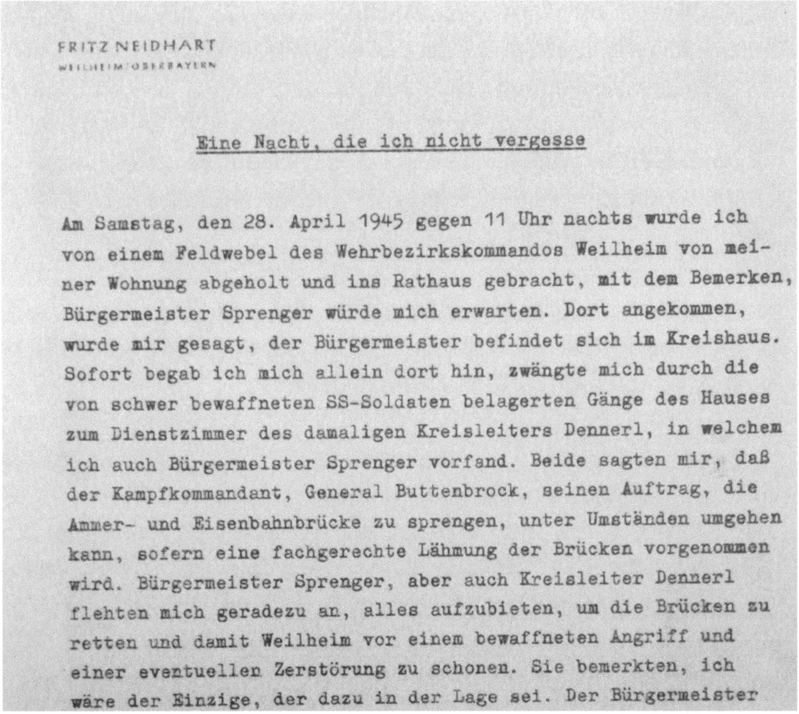

Eine Nacht, die ich nicht vergesse

Am Samstag, den 28. April 1945 gegen 11 Uhr nachts wurde ich von einem Feldwebel des Wehrbezirkskommandos Weilheim von meiner Wohnung abgeholt und ins Rathaus gebracht, mit dem Bemerken, Bürgermeister Sprenger würde mich erwarten. Dort angekommen, wurde mir gesagt, der Bürgermeister befindet sich im Kreishaus. Sofort begab ich mich allein dort hin, zwängte mich durch die von schwer bewaffneten SS-Soldaten belagerten Gänge des Hauses zum Dienstzimmer des damaligen Kreisleiters Dennerl, in welchem ich auch Bürgermeister Sprenger vorfand. Beide sagten mir, daß der Kampfkommandant, General Buttenbrock, seinen Auftrag, die Ammer- und Eisenbahnbrücke zu sprengen, unter Umständen umgehen kann, sofern eine fachgerechte Lähmung der Brücken vorgenommen wird. Bürgermeister Sprenger, aber auch Kreisleiter Dennerl flehten mich geradezu an, alles aufzubieten, um die Brücken zu retten und damit Weilheim vor einem bewaffneten Angriff und einer eventuellen Zerstörung zu schonen. Sie bemerkten, ich wäre der Einzige, der dazu in der Lage sei. Der Bürgermeister

Abb. 42: In den Nachkriegstagen erstellter und unterzeichneter Bericht des Sägewerksbesitzers Fritz Neidhart aus Weilheim. Foto und Original: Stadtarchiv Weilheim.

Weiterhin schreibt Fritz Neidhart in seinem Bericht:

„Der Bürgermeister führte mich anschließend zu dem damals diensttuenden Leiter des Wehrbezirkskommandos, Hauptmann Rieger, welcher mich zur Befehlsstelle des Kampfleiters begleitete, die im Amtsgerichtsgebäude untergebracht war. Dort empfing uns der Adjutant des Generals, ein Major, der uns zur höchsten Eile drängte, falls wir überhaupt noch etwas erreichen wollten. Nach den bisherigen Wahrnehmungen wurden nämlich größere Orte von den Amerikanern immer bei Morgengrauen eingenommen. Da ich im Unklaren war, wie eine solche [Brücken-]Lähmung vorzunehmen sei, schlug Hauptmann Rieger vor, mit dem Kampfkommandanten selbst zu sprechen. Der

Major öffnete die Türe zum anschließenden Zimmer, wo wir den General in voller Uniform auf der Couch tief schlafend vorfanden. Ohne ihn zu wecken, erklärte mir der Adjutant, dass eine Brücke nur dann als gelähmt angesehen wird, wenn sie mit großen Steinen oder Holz in höckeriger Form voll beladen wird. Er bemerkte dazu, dass der Kampfkommandant um 3 Uhr früh die vollzogene Lähmung besichtigen und eventuell abnehmen wird."

Also macht sich Fritz Neidhart sofort auf den Weg, weckt seine Arbeiter und fährt eine große Fuhre Holz an die Ammerbrücke; bis 03 Uhr nachts muss alles fertig sein.

Apotheker Schuster findet keine Ruhe. Ein Bürger teilt ihm mit, und das stamme aus sicherer Quelle, dass am frühen Morgen 3.000 Mann der SS zur Verteidigung Weilheims einmarschieren würden. Schuster überlegt fieberhaft, wie er die drohende Katastrophe verhindern könnte; er denkt an das Schicksal der mittlerweile 16.000 Menschen, die in der Stadt leben. Viele „ausgebombte" Münchner sind hier notdürftig untergekommen. Der Informant empfiehlt ihm, sofort die Stadt zu verlassen. Schuster bleibt.

Die Information über den SS-Einmarsch stammt wohl aus der ursprünglichen Planung des Generals Hahm. Diese ist dem Stab des Generalmajors von Buddenbrock bekannt. Einer der Soldaten wird sie wahrscheinlich weitergegeben haben. Hahm wollte ja anfangs südlich des Ammersees mit der 17. Waffen-SS-Panzergrenadierdivision verteidigen. Die Spitzen der Division erreichen in dieser Nacht Starnberg.

*

Für die **US-amerikanische Militärführung** ist der 28.04.45 ein erfolgreicher Tag. Zwar stoppt der Vormarsch über den Lech durch die zerstörten Brücken für 24 Stunden, jedoch kann westwärts davon die nach Süden angreifende 10. US-Panzerdivision große Geländegewinne vorweisen; Schongau und Altenstadt sind schnell in US-amerikanischer Hand.

Abb. 43: Die provisorisch reparierte Bahnbrücke über den Lech bei Landsberg am 28.04.1945. Im Willis-Jeep vorne ein US-Offizier. Foto: 12th Armored Division Museum, Abilene, Texas, USA – mit freundlicher Genehmigung.

Die Pioniere der A-Kompanie des 119. gepanzerten Pionierbataillons arbeiten die Nacht durch und reparieren die durch eine Sprengung nur teilweise zerstörte Bahnbrücke provisorisch. Gleichzeitig errichten die Soldaten der anderen Kompanien eine Ponton-Brücke, die sogar Panzer tragen kann.

Abb. 44: Die am 28.04.45 von US-amerikanischen Pionieren gebaute Ponton-Brücke über den Lech bei Landsberg. Es setzen Radfahrzeuge der 12. US-Panzerdivision über. Foto: 12th Armored Division Museum, Abilene, Texas, USA – mit freundlicher Genehmigung.

Abb. 45: Beide Lech Übergänge am 28.04.45. Im Vordergrund stehen Radfahrzeuge zur Ponton-Brücke "Schlange", im Hintergrund überqueren weitere Soldaten die reparierte Bahnbrücke. Foto: 12th Armored Division Museum, Abilene, Texas, USA – mit freundlicher Genehmigung.

Der Kommandeur des XXI. US-Korps, Frank Milburn, befiehlt dem 101. Aufklärungsregiment (101st cav rgt) als erstes überzusetzen und feindliche Truppen ostwärts des Lechs bis zur Linie Ammersee – Weilheim aufzuklären.

Danach soll die 12. Panzerdivision schnell nachrücken und Richtung Süden vorstoßen. Als Zwischenziel ist der Raum Weilheim – Murnau vorgesehen. Zwei weitere Divisionen, die 36. Infanteriedivision aus Texas, unter dem Kommando von Major General Dahlquist, und die ihm zusätzlich unterstellte 1. Französische Panzerdivision unter dem Kommando von General LeClerc warten auf der Westseite des Lechs. Infolge der totalen Luftüberlegenheit der alliierten Kräfte können die Soldaten am Ufer in Ruhe ihre Wartestunden verbringen.

Die vorneweg fahrenden Soldaten sitzen dabei in „Halftracks"; diese Halbkettenfahrzeuge sind geländegängig und bieten neben Fahrer und Beifahrer Platz für zehn Mann. Vorne ist entweder ein „leichtes", Kaliber 7,62 mm oder ein „schweres", Kaliber 12,7 mm, Maschinengewehr schwenkbar montiert. Der Vorrat von 2.000 Schuss reicht nicht nur für kleine Gefechte. Damit kann man zielgenau bis zu 500 Meter entfernte Objekte bekämpfen. Die Munition verfügt über kleine Phosphor-Einsätze und erzeugt damit eine Leuchtspur. Der Schütze erkennt so die Flugbahn.

Entscheidend für den schnellen Angriffserfolg ist aber der mitfahrende „Beobachter" der Artillerie. Dieser Offizier hat eine Funkverbindung zu den nachrückenden selbstfahrenden Geschützen. Somit kann er in Minuten Artilleriefeuer auf vor ihm liegende Ziele legen; es genügt, die Zielkoordinaten zu übermitteln. Die Reichweite der Geschütze beträgt bis zu 15 Kilometer.

Abb. 45: Im Bereitstellungsraum. Vorne links ein "Halftrack"; man sieht die langen Antennen für die Funkverbindung. Rechts ein Kleinfahrzeug. Foto: 12th Armored Division Museum, Abilene, Texas, USA – mit freundlicher Genehmigung.

Abb. 46: Der "Halftrack" von vorne. Oben ein montiertes "schweres" Maschinengewehr. Auf der Stoßstange zeigt die weiße 12 mit dem Dreieck die Zugehörigkeit zur 12. US-Panzerdivision. So geländegängig das Fahrzeug auch aussieht -ein reiner Allradantrieb wäre besser. Der Sechszylinder-Benzinmotor leistet lediglich 150 PS, die Höchstgeschwindigkeit beträgt gut 60 km/h. Foto: 12th Armored Division Museum, Abilene, Texas, USA – mit freundlicher Genehmigung.

Die US-Kommandeure befehlen „schwere" Spähtrupps. Das heißt, es fährt zusätzlich zu den Halftracks und mehreren Kleinfahrzeugen („Jeeps") auch mindestens ein Panzer mit.

Abb. 47: Ein "leichter" US-Panzer vom Typ M5 mit einer 37mm-Kanone. Das Fahrzeug hat sich bei Aufklärungseinheiten bewährt, wiegt rund 15 t und ist mit rund 300 PS fast 60 km/h schnell. Foto: 12th Armored Division Museum, Abilene, Texas, USA – mit freundlicher Genehmigung

Die US-Army hat zu diesem Zeitpunkt stets genügend Nachschub an Munition, Treibstoff und Verbrauchsgütern. Deshalb ist die

Aufklärung durch „Feuer" üblich. Befindet sich auf dem Weg eine Sperre, wird zunächst darauf geschossen. Es könnten sich ja Minen zwischen den Baumstämmen bzw. Felsbrocken verstecken. Bei Beschuss lösen diese aus. Notfalls steht die Artillerie auf Funkabruf bereit:

Abb. 48: Ein 105mm-Geschütz (Howitzer) Typ M7 auf Sherman-Panzerfahrgestell. Die Soldaten munitionieren gerade auf, d. h. die knapp 30 kg schweren Sprengpatronen (maximal 69 Schuss) werden eingeladen. Mit dem 400 PS-Motor wird eine Maximalgeschwindigkeit von 40 km/h erreicht. Foto: 12th Armored Division Museum, Abilene, Texas, USA – mit freundlicher Genehmigung

Die Spähtrupps sind in der Nacht bereits bis Wessobrunn vorgestoßen. Dort sind ein paar Stunden Ruhe vorgesehen. Dahinter rückt das 17. gepanzerte Infanteriebataillon nach. Die Artilleristen des 493. gepanzerten Feldartillerie-Bataillons folgen in kurzem Abstand und gehen so in Stellung, dass für die Geschütze die Stadt Weilheim in Reichweite ist.

*

7. Sonntag, 29.04.1945

Bewölkt, Schauer, tagsüber 4 ° C, leichter Nachtfrost

Kurz vor 02 Uhr in der Nacht entwickelt Apotheker Schuster einen Plan zur Verhinderung der Brückensprengungen. Hat nicht der General einen „Beweis" für die drohende Gesundheitsgefahr bei einer Unterbrechung der Wasserversorgung gefordert? Er fährt mit dem Rad zu Dr. Beaucamp und weckt ihn. Der vom General geforderte „Beweis" muss doch herzustellen sein. Die beiden wollen mit Oberst Witte verhandeln und machen sich auf den Weg. Der Oberst ist tatsächlich noch wach, Bürgermeister Sprenger ist bei ihm. Schuster verteilt Pervitin[49], alle müssen jetzt wach bleiben, und erklärt seinen Plan: Der ranghöchste Mediziner im Ort, Medizinalrat Dr. Windsheimer muss als Amtsarzt eine Gesundheitsgefahr als Folge einer Brückensprengung sofort schriftlich bestätigen; dieses Dokument muss zum General als „Beweis". Gleichzeitig müssen so viele Männer wie möglich alarmiert werden. Es gilt die Brücke zu sichern, damit die Pioniere nicht zünden können. Außerdem müssen weiße Fahnen her, damit die im Morgengrauen erwarteten Amerikaner die Stadt kampflos übernehmen. Die SS-Männer im Hotel Vollmann dürfen nicht zum Einsatz kommen.

Schuster eilt zum „Feuerwehr-Führer" Gerhard Ringholz und weckt ihn auf. Ringholz ist nicht überrascht und lässt sich den Plan erklären. Mehrere Feuerwehrmänner gehören schon seit langem zu Wirths Widerstandsgruppe, die restlichen sind schnell

---

[49] Pervitin ist ein damals gebräuchliches Aufputschmittel. Wehrmacht und SS setzen das Medikament bei Fronteinsätzen häufig ein. Siehe dazu z. B.: (Pieken 2016) https://www.mdr.de/zeitreise/pervitin-soldaten-krieg-droge-hitler-deutsches-reich100.html (10.11.2019)

von dem Vorhaben überzeugt, schließlich geht es um das Wohl der Stadt. Still und leise alarmiert ein Feuerwehrmann den anderen. Eine halbe Stunde später sind alle einsatzbereit am Feuerwehrhaus.

Inzwischen gelingt es Dr. Beaucamp tatsächlich, den Herrn Medizinalrat nicht nur zu wecken, sondern auch zur Unterschrift unter dieses Dokument zu bewegen:

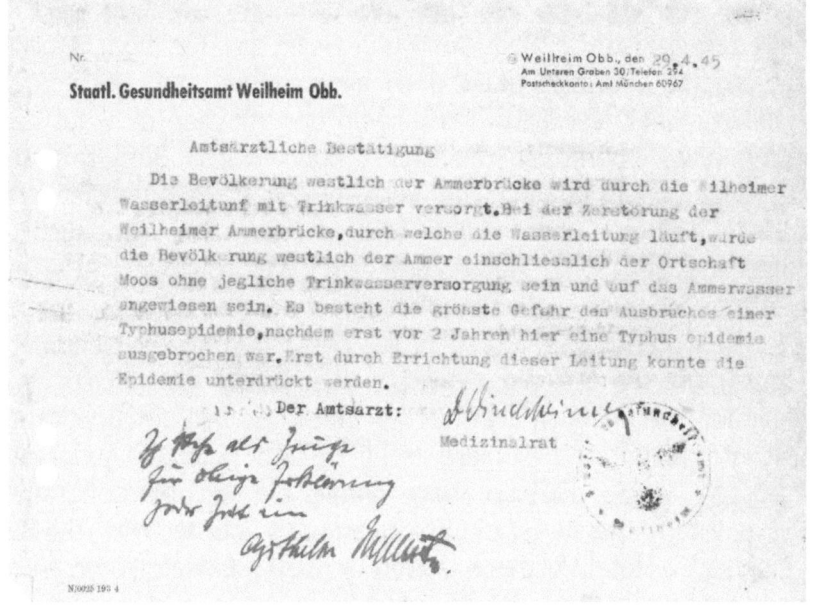

Abb. 49: Amtsärztliche Bestätigung einer Typhus-Gefahr bei Sprengung der Ammerbrücke. Unterschrift: Dr. Windsheimer. Links eine handschriftliche Anmerkung von Apotheker Schuster mit dessen Unterschrift. Foto und Original: Stadtarchiv Weilheim

Dr. Beaucamp eilt mit dem wichtigen Dokument zum Wehrbezirkskommando zurück und legt es dort vor.

*

Der kommandierende General der Wehrmacht- und SS-Verteidigungskräfte im bayerischen Oberland, Generalleutnant Hahm, plant in dieser Nacht um. Sein kampfkräftigster Verband, die 17. Waffen-SS-Panzergrenadierdivision, kann nicht schnell genug verlegen, um noch vor den US-amerikanischen Truppen den Raum südlich des Ammersees zu erreichen. Damit entsteht eine neue Lage.

Mit hoher Wahrscheinlichkeit erinnert sich Hahm an eine sogenannte „Rahmenübung", die er als Stadtkommandant von Ulm zehn Jahre zuvor, 1935, leiten durfte. Damals musste ein aus dem Westen angreifender imaginärer Feind verlangsamt werden, um den Hauptkräften damit genügend Zeit zum Ausbau ihrer Verteidigungsstellungen zu verschaffen. Nahezu genauso ergehen jetzt seine Befehle:

Die Reste der 212. Volksgrenadierdivision sollen unter dem Kommando von Generalmajor v. Buddenbrock ab Weilheim die angreifenden alliierten Truppen möglichst lange am weiteren Vormarsch hindern.

Die 17. Waffen-SS-Division dreht ab und richtet sich jetzt im Raum Bad Tölz und Tegernsee so zur Verteidigung ein, dass dem Feind der Zugang zu den Gebirgstälern verwehrt wird.

SS-Oberführer Bochmann, der Divisionskommandeur, setzt den Befehl sofort um und gibt ihn per Funk an seine Truppenteile weiter. Die Marschkolonnen der überwiegend nicht ortskundigen Soldaten kommen im Durcheinander der letzten Kriegstage nur langsam voran, die meisten sind erst bis in den Großraum München vorgedrungen. Nur die Pioniere, ganz vorne, sind schon in Starnberg. Der SS-Pionierführer kann das nicht glauben, er schickt einen Melder zu Bochmann. Bad Tölz ist doch eine „Lazarettstadt", darf also gemäß Kriegsvölkerrecht nicht verteidigt werden, um die vielen hundert bettlägerigen

Verwundeten in der Stadt zu schützen. Es bleibt dabei, ist die kurze Antwort.

Es sind überwiegend Radfahrzeuge unterwegs. Denn am 25.03.45, beim Rückzug über den Rhein in Höhe von Germersheim, hat die Division praktisch alle schweren Waffen verloren. Nur noch zwei auf große Entfernung gegen Panzer wirksame selbstfahrende Sturmgeschütze sind einsatzfähig, dazu kommen rund ein Dutzend Flugabwehrkanonen.

Es ist sicher nicht einfach, eine ganze Division nachts umzudirigieren. Noch dazu sind die Waffen-SS-Einheiten bunt gewürfelt. Sie bestehen aus vielen Funkern und Bordschützen der Luftwaffe sowie Nachschubsoldaten, älteren Volkssturmmännern und zahlreichen jungen, noch nicht ganz ausgebildeten Rekruten der Geburtsjahrgänge 1926, 1927 und 1928.

Nach dem Attentat auf Hitler am 20.07.1944 hat Heinrich Himmler verfügt, dass die SS zuerst „Zugriff" auf neue Rekruten bekommt. Die meisten jungen Männer der genannten Geburtsjahrgänge hatten also gar keine Wahl, sie wurden zwangsweise zur Waffen-SS eingezogen.[50]

Generalleutnant Hahm bezieht seinen neuen Gefechtsstand in Dietramszell. Sein Vorgesetzter, Generalfeldmarschall Kesselring, will unter allen Umständen den Feind aufhalten. Dazu erlässt er auch klare Mordbefehle. Wahrscheinlich um nachher dafür nicht haftbar gemacht werden zu können, befiehlt er, die schriftlichen Ausfertigungen zu vernichten und seine Anordnungen nur

---

[50] Es hat keine „schlechte" SS und eine „gute" Waffen-SS gegeben, das wäre Geschichtsfälschung. Auch die Waffen-SS-Verbände verübten unzählige Gräueltaten. Allerdings waren die Jüngsten nicht freiwillig dabei. Siehe (van Hüllen 2015): https://www.kas.de/web/rechtsextremismus/falsche-vorbilder-die-waffen-ss (10.11.2019)

mündlich weiterzugeben. Das Exemplar der 17. Waffen-SS-Division blieb trotzdem erhalten:

5) Jn allen Fällen, in denen seitens der Zivilbevölkerung irgendwie die Kampfführung der Truppe absichtlich behindert wird, ist sofort unter Hinzuziehung des zuständigen Parteiorgans standgerichtlich gegen die Rädelsführer vorzugehen. Jn dringenden Fällen ist eine Exekutive der Truppe auch ohne standgerichtliches Verfahren zulässig u.geboten. Der verantwortliche Offz.hat hierüber unmittelbar an Ob.West zu berichten.

6) Wo die Bevölkerung bei Annäherung des Feindes weisse Tücher zeigt, sind die betreffenden Häuser zu zerstören (Abbrennen) u.die männlichen Bewohner dieser Häuser vom vollendeten 16.Lebensjahre ab zu erschiessen.

                        Der Oberbefehlshaber West
                        gez.Kesselring, Gen.Feldmarschall
        Abt.III Nr.46/45 geh.
        AOK 1, Armeerichter gez.Dr.Freiherr von Wrangel,
                        · Oberfeldrichter.

Generalkommando LXXXII.A.K.   Geheim!   Den 2o.4.45.
II a Nr.221/45 geh.

        Vorstehende Abschrift zur Kenntnis und Beachtung. Befehl ist nach Kenntnisnahme bei Div.zu vernichten.
Weitergabe nach unten bis zum letz-   Für das Generalkommando
ten Soldaten nur mündlich.   Der Chef des Generalstabes
                                         J.A.

                        Major und Adjutant.

17. ᛋᛋ-Pz.Gr.Div.

Abb. 50: Private, unveränderte Reproduktion des Originalbefehls des Oberbefehlshabers West an die 17. Waffen-SS-Division vom 20.04.1945.

Gemäß diesem Befehl gäbe es für die Weilheimer Widerständler sofort Todesurteile. Und nicht nur für diese Männer, wie Punkt 6. beweist: Bei sichtbaren weißen Fahnen als Zeichen der Kapitulation sind die betreffenden Häuser in Brand zu setzen und die männlichen Bewohner ab 16 zu erschießen.

*

Im Morgengrauen des 29.04.45, gegen 05 Uhr, erscheint der Pionier-Oberleutnant bei Oberst Witte. Er meldet, dass ihm Weilheimer Männer Schwierigkeiten bei den Vorbereitungen zur Sprengung der Brücke bereiten. Witte hat noch ein Auto zur Verfügung, unverzüglich fährt er zum Amtsgericht und lässt Generalmajor v. Buddenbrock wecken. Dieser will sofort zur Brücke. Mit dem Fahrzeug dauert das nur wenige Minuten; im Auto sitzen neben dem Generalmajor und dem Oberst noch zwei Ordonanz-Offiziere.[51] In der Dämmerung erkennen sie viele Personen an der Brücke, es ist die Feuerwehr mit ihrem Führer Georg Ringholz.

Der inzwischen zurückgekehrte Oberleutnant erstattet den höheren Offizieren Bericht. Oberst Witte erklärt, dass inzwischen eine amtsärztliche Bestätigung drohender Gesundheitsgefahren bei einer Brückensprengung vorliegt. Daraufhin inspiziert der Generalmajor die von Fritz Neidhart mit seinen Männern in der Nacht auf der Brücke abgelegten schweren Baumstämme. Es herrscht gespannte Ruhe. Der General weiß bestimmt, was der Oberbefehlshaber West für solche Fälle angeordnet hat (siehe Abb. 50). Er könnte den Feuerwehrführer sofort erschießen lassen. Trotzdem erteilt v. Buddenbrock den Befehl, die Brücke <u>nicht</u> zu sprengen. Angesichts des Geländes und der „Lähmung" durch Baumstämme halte er das für überflüssig. Die Männer atmen auf, nur der Pionier-Oberleutnant ist sichtlich unzufrieden. Er will diesen Befehl schriftlich haben – ein sehr ungewöhnliches Verhalten einem so hohen Offizier gegenüber. Doch Witte kommt der Erwiderung des Generals zuvor und erklärt, dass sein Wehrbezirkskommando gerne so eine Bestätigung ausfertige; der Herr Oberleutnant müsse da nur vorbeikommen.

---

[51] Das sind jüngere, häufig sehr fähige Offiziere, die als persönliche Gehilfen höherer Kommandeure fungieren.

Die Feuerwehr rückt ab, die Offiziere steigen in das Auto und fahren zum nächsten Ziel, der Eisenbahnbrücke über die Münchner Straße im Norden der Stadt. Es ist kurz vor 06 Uhr.

∗

Etwa zur gleichen Zeit, kurz vor 06 Uhr, erhalten die US-amerikanischen Soldaten ihre Tagesbefehle. Dazu stehen die verantwortlichen Offiziere zusammen mit ihrem General vor der aktuellen Lagekarte:

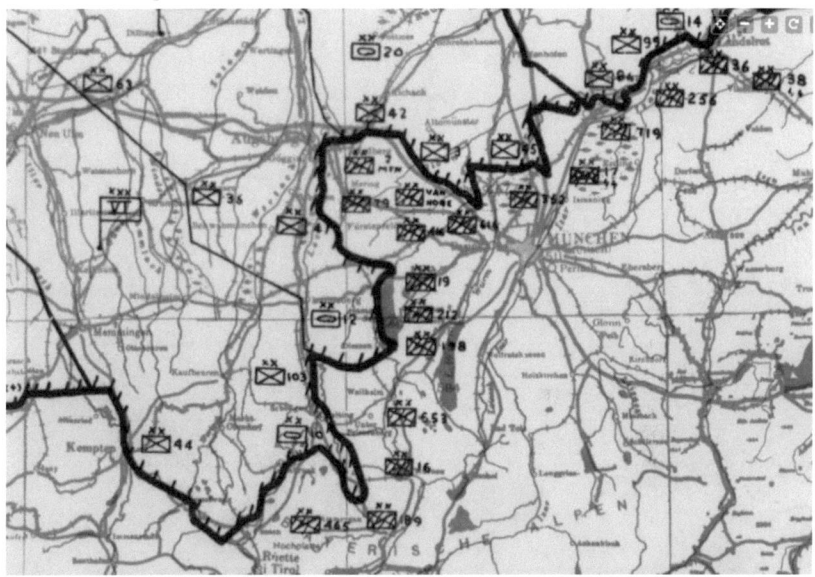

Abb. 51: Lagebild der 12. US-Army-Group am Abend des 28.04.1945. Die dicke schwarze Linie zeigt die FLOT (Forward Line of Own Troops), also die Frontlinie. Das Westufer des Ammersees ist bereits in US-amerikanischer Hand. Im Süden sind die Spitzen der 10. US-Panzerdivision auf dem Weg nach Oberammergau. Vor Weilheim liegt die 12. US-Panzerdivision. Reproduktion aus: Library of Congress, Washington, DC, USA, public domain.

Das Richtung Reutte (Tirol) und Garmisch-Partenkirchen angreifende VI. US-Korps hat durch den schnellen Vormarsch eine Flanke geöffnet. Deshalb muss das XXI. Korps rasch die Linie München-Starnberg-Murnau erreichen, um die Front wieder zu begradigen. Dazu tritt die 12. US-Panzerdivision mit starker Artillerieunterstützung über Weilheim nach Murnau an und öffnet der nachfolgenden 36. US-Infanteriedivision den Weg über Weilheim in den Osten bis Penzberg. Um die Kampfkraft zu steigern, wird dieser Division ein zusätzliches Panzerbataillon, das 753., zugewiesen.

Etwa eine halbe Stunde später starten die Motoren der schweren Fahrzeuge. Kurz danach treffen zwölf Aufklärungsflugzeuge der 15. US-Luftflotte aus Italien ein. Die Maschinen vom Typ „Mustang" P-51-D fliegen direkt in das Zielgelände.

Abb. 51: Einsitziges Jagdflugzeug Typ Mustang P 51-D mit drei Maschinengewehren Kaliber 0.50 (12,7 mm) in jeder Tragfläche (siehe Pfeil)
Foto: USAAF, CC-BY-SA 3.0 Lizenz

Die Piloten klären dabei die „Feindlage" auf, d. h. zwei bis vier Maschinen fliegen der Truppe voraus und erkunden feindliche Stellungen, marschierende Militärkolonnen und vor allem Sperren und Hindernisse. Dabei machen sie im Tiefflug Jagd auf „lohnende Ziele", was das ist, bestimmt der Pilot. In Frage kommen Lokomotiven, Lastkraftwagen aber auch Pferde, denn die Wehrmacht und die SS setzten im 2. Weltkrieg etwa 2,8 Millionen Pferde ein, um Kriegsmaterial zu bewegen; nur sehr wenige Einheiten waren vollmotorisiert.[52]

Im mobilen Hauptquartier der Division befindet sich ein Verbindungsoffizier, der „Air-Liaison-Officer (ALO), der den Funkkontakt zum Führer der Jagdstaffel hält. Damit erhält der Divisionskommandeur nicht nur zügig die aktuellen Ergebnisse der Aufklärung, er kann auch sehr schnell eine sogenannte „low-level-attack" auf ein bestimmtes Ziel befehlen. Dabei werfen die Piloten ihre Sprengbomben nacheinander auf das Ziel, fliegen eine Schleife und eröffnen danach im Tiefflug mit den sechs schweren Maschinengewehren aus den Tragflächen das Feuer.

*

Das Auto mit dem General und Oberst Witte trifft kurz vor 07 Uhr an der Eisenbahnüberführung über die Münchner Straße beim Dietlhofer See ein. Dort ist alles ruhig, die Straße wird durch eine quer gestellte große 13-Tonnen-Straßenwalze blockiert. Wirth hat seinen Männern befohlen, den Zugang zur Stadt auf diese Weise zu sperren. Volkssturmführer Gäßl kam in der Nacht mit dem Polizeiauto vorbei und warf die vorbereiteten Sprengkapseln in den See. Von Buddenbrock ist mit dieser Art Sperre zufrieden. Im Tiefflug nähert sich ein US-Jagdflieger und zieht seine Kreise; kein Schuss fällt, man fährt in die Stadt zurück.

---

[52] Vgl.: (Menzel 2019): https://www.bundesarchiv.de/DE/Content/Virtuelle-Ausstellungen/Pferde-Im-Einsatz-Bei-Wehrmacht-Und-Waffen-Ss/pferde-im-einsatz-bei-wehrmacht-und-waffen-ss.html (10.11.19)

Plötzlich, kurz vor 09 Uhr, erschüttert eine heftige Explosion die Stadt. Mit der morgendlichen Sonntagsruhe ist es vorbei. Die Wehrmachts-Pioniere haben tatsächlich noch eine Sprengung ausgeführt. Allerdings nicht an der Straßenbrücke über die Ammer, das hatte der General ja untersagt, sondern an der Eisenbahnbrücke über den Fluss. Die Ladung mit mindestens 100 kg Sprengstoff richtet erheblichen Schaden an, die Brücke bleibt jedoch stehen. Militärischer Nutzen: Fehlanzeige.

Apotheker Schuster fürchtet das Schlimmste und eilt zum Wehrbezirkskommando (WBK), ins „alte Rathaus". Vor dem Gebäude, sind bewaffnete Wehrmachtssoldaten angetreten; über die genaue Anzahl gibt es unterschiedliche Berichte. Oberst Witte nennt „einen halben Zug", das wären etwa 40 Mann. Apotheker Schuster schätzt die Zahl auf 90. Den Befehl zum Abmarsch nach Murnau hat am Abend zuvor ein SS-Offizier aus dem Umfeld des Oberführers Zöberlein aufgehoben. Seit 08 Uhr stehen sie bereit, ausgerüstet mit sechs Maschinengewehren vom Typ MG42 und zahlreichen Panzerfäusten.

Nahezu gleichzeitig steht der versammelte Volkssturm nicht weit davon entfernt, aber vom WBK aus nicht einsehbar, hinter der Stadtpfarrkirche angetreten am Kirchplatz. Der Volkssturmführer und vormals königlich bayerische Rittmeister (entspricht dem Dienstgrad Hauptmann) a. D. Gäßl befiehlt klar und deutlich:

> „1. Weilheim wird nicht verteidigt, geschossen darf unter keinen Umständen werden......" [53]

Allein dieser erste Satz reicht für ein Todesurteil durch die SS. Glücklicherweise ist kein Schwarzuniformierter in der Nähe und die Volkssturmmänner, alteingesessene Weilheimer Bürger, verraten ihn nicht.

---

[53] Siehe schriftliche Augenzeugenberichte mehrerer Beteiligter, Stadtarchiv Weilheim.

In der Nacht davor haben sich Kreisleiter Dennerl und Ortsgruppenleiter Urlberger abgesetzt. Dazu notiert Hauptmann Rieger, geschäftsführenden Offizier im Wehrbezirkskommando, Dennerl hätte geäußert, „wichtige Parteifunktionäre dürfen nicht in die Hand des Feindes geraten". Die Verantwortung für die Verteidigung der Stadt übertrage er dem Parteigenossen und Bürgermeister Sprenger in seiner Funktion als oberster Volkssturmführer.

So ergreift vor dem WBK der höchste Dienstgrad der angetretenen Wehrmachtssoldaten, Feldwebel Kilian, die Initiative. Er holt aus dem Wehrbezirkskommando einen Stapel Entlassungsscheine. Zur großen Freude der Angetretenen verteilt er diese mit Stempel und Unterschrift versehenen Dokumente, die das Dienstverhältnis in der Wehrmacht beenden. Blitzschnell sind die Männer verschwunden, die MG's und Panzerfäuste lassen sie zurück.

Keine Minute zu früh, denn ein verschlafener Oberführer Zöberlein kommt alleine zu Fuß die wenigen Schritte vom Hotel Vollmann zum Wehrbezirkskommando. Feldwebel Kilian will sein Tun verschleiern und meldet, die Soldaten hätten sich befehlsgemäß auf den Weg nach Murnau gemacht. Ein sehr erboster Zöberlein will den Feldwebel sofort verhaften lassen, kann aber dem flüchtenden Kilian nicht schnell genug folgen. Schuster erkennt die Situation und schafft es, den Feldwebel in seiner Apotheke zu verstecken. Das hat einer der Feuerwehrmänner gesehen und die Information weitergegeben. Kurze Zeit später kommt Feuerwehrführer Ringholz zu Schuster. Der Apotheker drängt, schnell zu handeln. Bestimmt alarmiert Zöberlein die SS, damit wäre die kampflose Übergabe der Stadt gescheitert. Georg Ringholz zögert nicht. Schon zwei Wochen zuvor haben die Feuerwehrmänner auf dem Kirchturm der Stadtpfarrkirche eine große weiße Fahne versteckt. Zwei Feuerwehrmänner, Konrad Oswald und Franz Ringholz, eilen zusammen mit dem Apotheker auf den Turm und hissen die weiße Fahne. Damit wäre auch für die drei das Todesurteil unterschrieben, falls Zöberlein sie zu fassen bekäme. Ein weiterer Trupp beseitigt die auf der Straße liegenden Maschinengewehre und Panzerfäuste. Das Klirren und Dröhnen der anrollenden US-Panzer ist schon deutlich zu hören. Einige SS-Männer erscheinen vor dem Hotel Vollmann; Zöberlein ist nirgends zu sehen. Apotheker Schuster fasst allen Mut zusammen und ruft ihnen laut zu: „Abhauen! Die Amerikaner sind in ein paar Minuten da!"

Das ist zwar nicht richtig, es wird noch fast eine Stunde dauern, bis tatsächlich US-Truppen in der Stadt sind, doch die SS-Männer scheinen ihm Glauben zu schenken. Sie beladen eines ihrer Fahrzeuge und fahren tatsächlich Richtung Murnau davon. Vielleicht ist es auch die große Gruppe der Feuerwehrmänner, die hinter Schuster steht, welche den Entschluss zu fahren befördert. Sogar der Herr Oberführer sucht still und heimlich das Weite. Sein Stellvertreter, ein SS-Major, meldet sich bei Oberst Witte mit den Worten ab „seine Aufgabe hätte sich erledigt". Allerdings versuchen andere SS-Dienstgrade tatsächlich noch Widerstand zu leisten. Ein bis heute nicht identifizierte SS-Mann will am Stadtbrunnen noch ein Maschinengewehr aufbauen, um gegen die US-Soldaten zu kämpfen. Es ist ein junger Gefreiter und Offizierbewerber in Uniform, Georg Vollmann (*1925), der mit eingegipstem rechtem Arm in der Türe der väterlichen Metzgerei stehend, ihn in ein Wortgefecht verwickelt. Er solle verschwinden, der Krieg wäre vorbei! Warum auch immer, der SS-Mann schießt nicht auf den kriegsverletzten Kameraden und trollt sich. Immer mehr weiße Fahnen erscheinen in den Fenstern. Apotheker Schuster und die Feuerwehrmänner sorgen dafür.

Am Amtsgericht haben die Soldaten der Volksgrenadierdivision den Gefechtsstand abgebaut. Zusammen mit ihrem General fahren sie um 09:30 Uhr Richtung Seeshaupt.

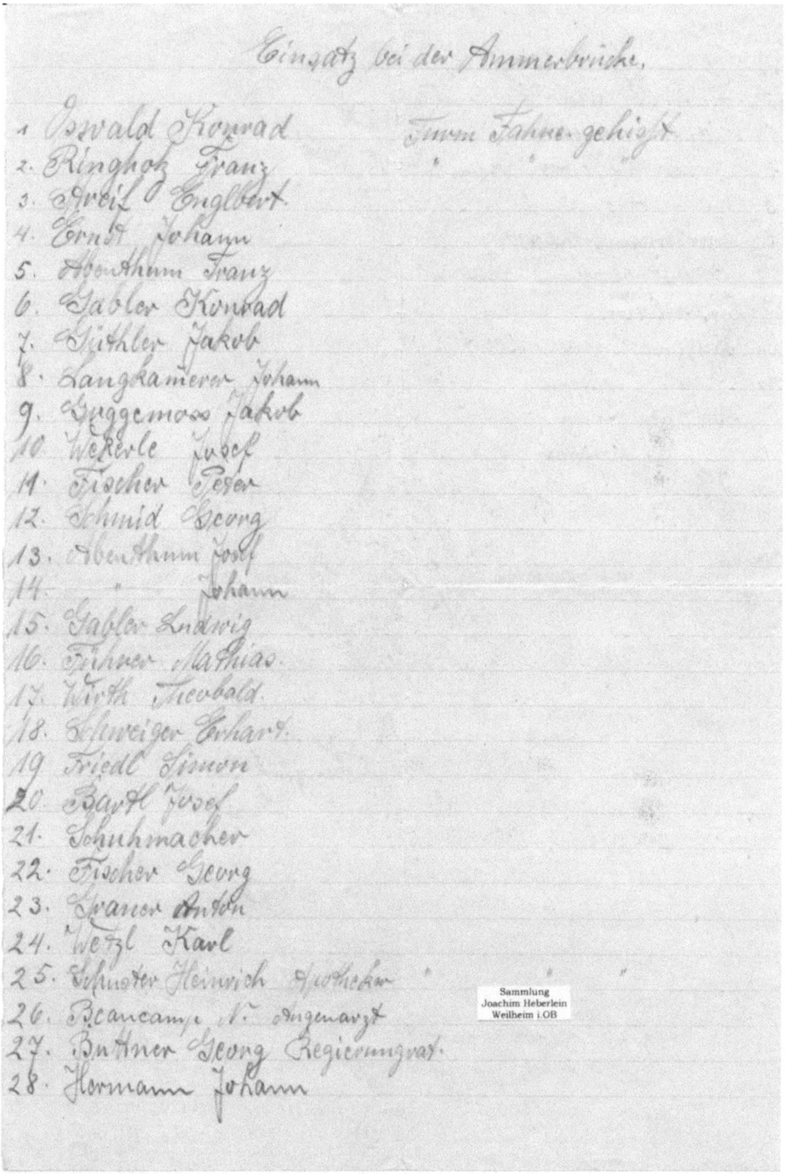

Einsatz bei der Ammerbrücke.

1. Oswald Konrad   zum Fahre gehisst
2. Ringholz Franz
3. Greif Englbert
4. Ernst Johann
5. Abenthum Franz
6. Gabler Konrad
7. Gühler Jakob
8. Langkamerer Johann
9. Guggemoss Jakob
10. Weberle Josef
11. Fischer Peter
12. Schmid Georg
13. Abenthum Josef
14. _____ Johann
15. Gabler Ludwig
16. Führer Mathias
17. Wirth Theobald
18. Schweiger Erhard
19. Friedl Simon
20. Bartl Josef
21. Schuhmacher
22. Fischer Georg
23. Sprancer Anton
24. Wetzl Karl
25. Schuster Heinrich Apotheker
26. Beancamp v. Angenarzt
27. Büttner Georg Regierungsrat
28. Hermann Johann

Abb. 52: Reproduktion der Original-Einsatzliste des Weilheimer Widerstands im April 1945, verfasst von Feuerwehrführer Georg Ringholz. Vorderseite, © Sammlung Dr. Joachim Heberlein, Weilheim

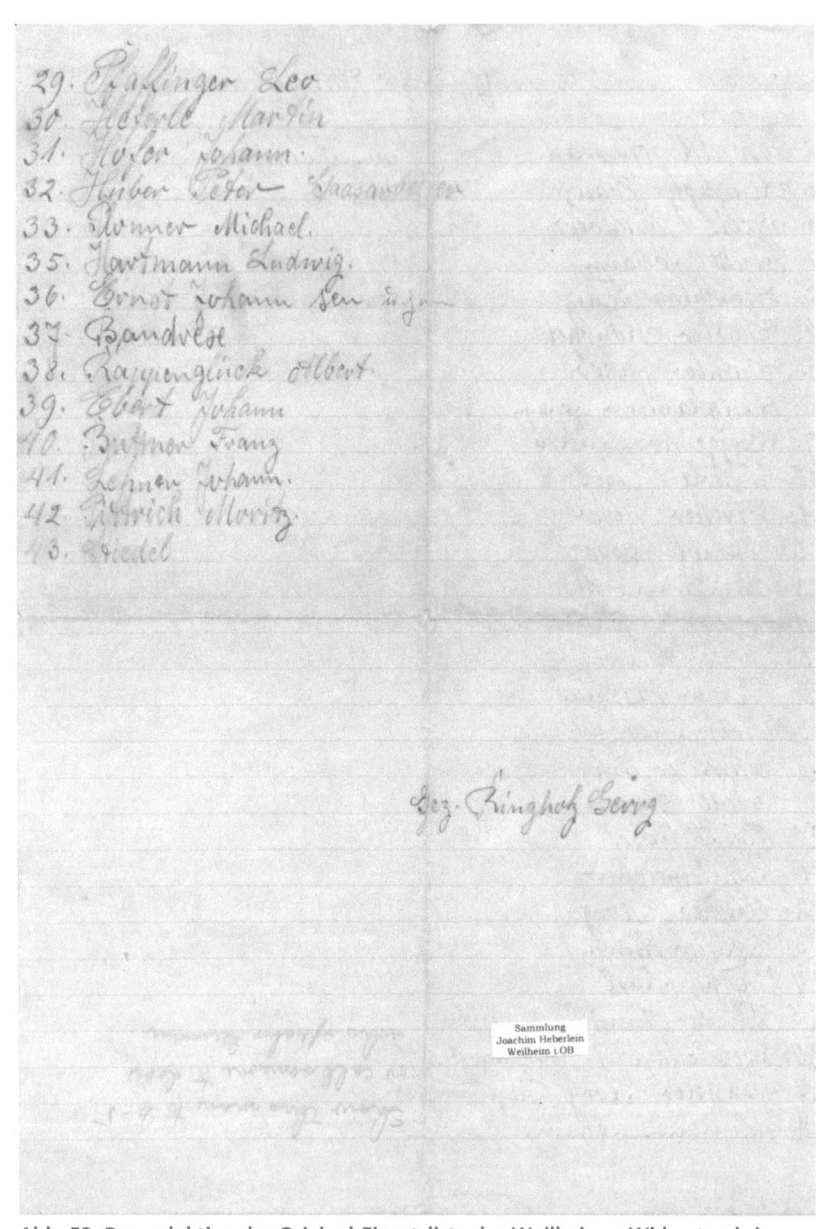

Abb. 53: Reproduktion der Original-Einsatzliste des Weilheimer Widerstands im
April 1945, verfasst von Feuerwehrführer Georg Ringholz. Rückseite © Sammlung
Dr. Joachim Heberlein, Weilheim

Aber noch ist die Gefahr nicht vorüber, denn um 09:50 Uhr meldet sich ein Artillerie-Unteroffizier bei Oberst Witte und bittet um Weisung, welche Panzer er mit seinen zwei Geschützen unter Feuer nehmen soll.

Die Geschütze stünden einsatzbereit am Kirchplatz bei der Stadtpfarrkirche. Der Oberst untersagt die Feuereröffnung und befiehlt dem Soldaten schnellstmöglich in Richtung Murnau abzurücken. Während der Artillerist zu seinen Geschützen eilt, sind aus der Münchner Straße die Kettengeräusche der US-amerikanischen Panzer gut zu hören.

Oberst Witte ordnet Zivilkleidung für seine verbliebenen drei Mitarbeiter an. Mit Oberstleutnant Tweer, Hauptmann Ulmke und Feldwebel Armbruster verlässt er das WBK.

Abb. 54: Blick vom Kirchturm der Stadtpfarrkirche in Richtung Westen. Die weiße Fahne am 29.04.45 war weit zu sehen. In der Mitte der Marienplatz, damals "Adolf-Hitler-Platz", das Dach rechts unten gehört zum Alten Rathaus, dem Sitz des Wehrbezirkskommandos. 50 Meter weiter links ist der Kirchplatz. Am oberen Ende des Platzes nach rechts geht es zur Münchner Straße. Das Foto entstand um 1936, Stadtarchiv Weilheim.

*

Um 09 Uhr sieht der Führer des vordersten Spähtrupps des 116. US-Aufklärungsbataillons von Wessobrunn kommend die Stadt Weilheim vor sich liegen. Mit dem Fernglas erkennt er keine Verteidigungsstellungen aber die große weiße Fahne auf dem Kirchturm.

Das Artilleriebataillon der nachfolgenden 12. US-Panzerdivision ist feuerbereit. Langsam fährt der erste Panzer in Richtung der Straßenbrücke. Aufmerksam beobachtet der Kommandant die dort lose kreuz und quer liegenden Baumstämme. Es sind keine Minen zu sehen, das meldet er über Funk an seinen Kompaniechef. Da die Zeit drängt und nirgends Verteidigungsstellungen zu erkennen sind, sitzen die Soldaten ab, schwärmen aus und gehen mit dem schussbereiten Gewehr in der Hand im Schutze von zwei leichten Panzern langsam zur Brücke vor.

Der erste M5-Panzer (siehe Abb. 42) schiebt die Baumstämme einfach zur Seite. Im Schritttempo fährt er bis zur Münchner Straße vor. Der Kompaniechef fährt mit seinem Jeep direkt hinter ihm, die Funkverbindung zur Artillerie steht. Die Soldaten sind vorsichtig, hinter jedem Mauervorsprung, hinter jedem Fenster könnte ein SS-Soldat, womöglich ein Scharfschütze, lauern.

So dauert es fast eine halbe Stunde, bis die ganze Aufklärungskompanie, fast 150 Mann und fünf leichte Panzer, an der Münchner Straße ankommt. Parallel dazu fliegen zwei „Mustang" P-51 Jagdflugzeuge über die Stadt. Auch sie können keinerlei militärische Verteidigungsanstrengungen erkennen. Wäre dies so, hätten sie mit ihren Bord-Maschinengewehren das Feuer eröffnet – gleichzeitig ein Warnsignal für die zu Fuß vorrückenden Soldaten.

Kurz vor 10 Uhr passieren sie das Gebäude des „Weilheimer Tagblattes". (Dabei ist das Foto aus Abb. 53 entstanden)

Abb. 55: Soldaten der B-Kompanie des 116. US-Aufklärungsbataillons beim Vormarsch zum Weilheimer Marienplatz, damals noch „Adolf-Hitler-Platz". Vor dem Gebäude des „Weilheimer Tagblatts" in der Mitte der „leichte" Panzer M5 mit 37mm-Kanone. Der Fußsoldat rechts hält sein Gewehr vom Typ M1 Garand schussbereit, in das Magazin passen 8 Patronen vom Kaliber 7,62 mm (0.30 inch). Die langen Schatten nach links weisen auf den Vormittag hin. Foto: 12th Armored Division Museum, Abilene, Texas, USA – mit freundlicher Genehmigung.

Um 10:20 Uhr biegt der erste Panzer von der Schmiedstraße kommend auf den Marienplatz ein. Es fällt kein Schuss. An den Stufen der Mariensäule sichert ein Trupp mit Maschinengewehren, während der erste Panzer Richtung Rathaus rollt. Bürgermeister Sprenger geht ihnen in Begleitung eines Polizeioffiziers mit einer weißen Fahne entgegen und erklärt, dass er die Stadt kampflos übergebe. Der Spähtruppführer schickt nach seinem Kompaniechef, einem Captain, dieser kommt mit einem Dolmetscher und akzeptiert die Übergabe. Weilheim ist jetzt in US-amerikanischen Händen.

Straßenmeister Wirth hat inzwischen den Schaden an der Eisenbahnbrücke inspiziert. Die abziehenden Pioniere fragen ihn nach dem Weg nach Murnau. Mit dem Rad in der Stadt zurück, kommt er gerade rechtzeitig, um hinter dem Rathaus seine soeben befreiten US-Gefangenen zu begrüßen.

387123 – 116 CAV HEAD 30.
40 US WERE POW IN TOWN. FOUND
THEM IN A CAGE BEHIND CITY HALL
WEILHEIM - APRIL 28

Abb. 56: Ein Soldat des 116. Aufklärungsbataillons (116 „cav" steht für Kavallerie; Aufklärungseinheiten waren früher beritten) öffnet das Tor zum Gefangenenlager in Weilheim. Rechts, im Schatten, ein Stadtpolizist. Die amerikanische Bildunterschrift spricht von 40 US-Soldaten, die in einem "Käfig" hinter dem Rathaus gefangen gehalten wurden. Das Gebäude steht heute noch. Die Ortsangabe "Weilheim" ist korrekt, das Datum nicht; es ist der 29.04.45 zur Mittagszeit. Foto: 12th Armored Division Museum, Abilene, Texas, USA – mit freundlicher Genehmigung.

Die Freude ist groß. Die nun Befreiten stellen Wirth dem US-Offizier vor und berichten von ihrer guten Behandlung durch den

Straßenmeister. Er wird mit Zigaretten und Schokolade beschenkt.

Stadtpfarrer Alois Braunmiller schreibt rot in sein Predigtbuch:

4. So. n. Ost. kein Sontags-gottesdienst 7 ½ 9 10 11.
29.4. Amerikaner besetzen um 11⁰⁰ unsere Stadt.

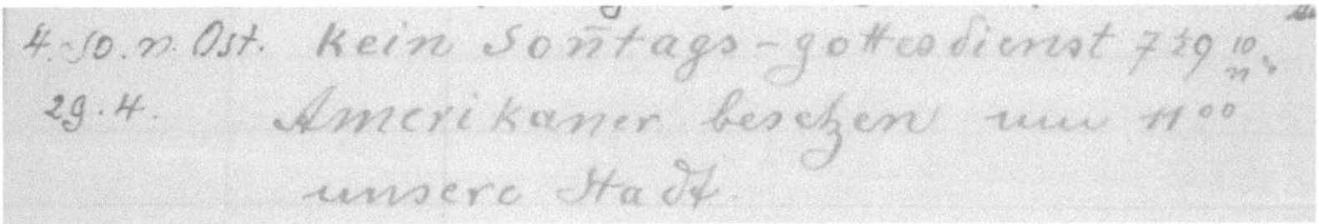

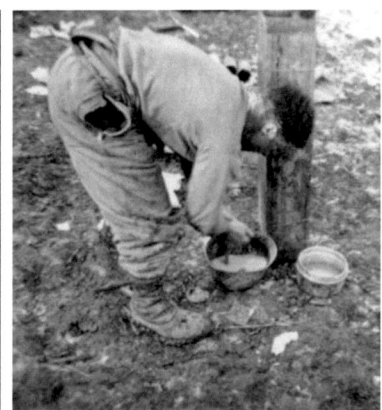

Abb. 57: Auszug aus dem Predigtbuch der Stadtpfarrei Mariä Himmelfahrt Weilheim. Foto: privat

Einer der US-Soldaten spricht nicht nur deutsch, sondern sogar bairisch. Das verblüfft viele und ist später noch Anlass für Zeitungsartikel:

Boarisch aus Besatzermund

Weilheim Überrascht war Frau Therese Dachs, als kurz nach dem Einmarsch der Amerikaner ein Besatzungssoldat in ihre Wohnung kam und den Mund aufmachte: Er fragte: „Sie, Frau, ham S' net a warms Wasser?" Dabei hielt er ihr seinen Stahlhelm hin. Ein ausgewanderter Bayer war gezwungenermaßen für einige Zeit wieder heimgekehrt.

Quelle: Weilheimer Tagblatt Nr. 98, 29.04.1975

Abb. 58: Ein US-Soldat bei der "feldmäßigen" Körperpflege. Als „Waschschüssel" dient der Stahlhelm. Foto: 12th Armored Division Museum, Abilene, Texas, USA – mit freundlicher Genehmigung.

Es gibt nur eine kurze Pause. Das zur 12. US-Panzerdivision gehörende 17. Gepanzerte US-Infanteriebataillon rückt schnell nach und übernimmt die Stadt Weilheim. Die Aufklärer erhalten einen neuen Auftrag: Nach Süden über Eberfing nach Murnau vorstoßen und dabei leichten Feindwiderstand brechen und starken Widerstand melden. Eine Stunde später geht es los.

Zusammen mit einigen seiner ehemaligen Kriegsgefangenen, die für ihn übersetzen, meldet sich Straßenmeister Wirth bei einem führenden Offizier des gerade eingetroffenen 17. US-Bataillons. Er zeigt auf der Karte die geplante Verteidigungsstellung der SS in Marnbach. Vermutlich hat Wirth die Information über den Volkssturm erhalten. Der Offizier bedankt sich herzlich und setzt einen mit Infanterie verstärkten Panzerzug auf das Ziel an.

Abb. 59: Ein US-Kampfpanzer M4 "Sherman" mit Begleitinfanterie im Vormarsch. Das 30 Tonnen schwere Fahrzeug verfügt über eine vertikal stabilisierte 75-mm-Kanone, die bei langsamer Fahrt Ziele in bis zu 1000 m Entfernung wirksam bekämpfen kann. Foto: 12th Armored Division Museum, Abilene, Texas, USA – mit freundlicher Genehmigung.

In Marnbach hat die SS-Wachmannschaft aus Schloss Hirschberg tatsächlich, wie angekündigt, eine Sperre errichtet. Woher auch immer, vielleicht aus den Beständen der zurückweichenden 212. Volksgrenadierdivision, verfügen sie über ein 8,8 cm-Flak-Geschütz[54] und einige Schuss Munition. Als sie bemerken, dass im Richtung Weilheim liegenden Deutenhausen am Kirchturm eine weiße Fahne weht, fährt sofort ein bewaffneter Trupp los. Dort hatte der Mesner den knapp drei Kilometer entfernten Weilheimer Kirchturm im Blick und kurzerhand ebenfalls ein weißes Kapitulationszeichen gesetzt. Die SS-Männer holen die Fahne herunter, beschimpfen die Dorfbewohner als Feiglinge und suchen nach dem Mesner, der sich glücklicherweise verstecken kann.[55] Wütend darüber steckt die SS eine Scheune in Brand und verhindert mit Waffengewalt jeden Löschversuch.

In den Mittagsstunden erkennt die SS-Bedienmannschaft am Flak-Geschütz zunächst einen aus Deutenhausen ankommenden Panzer, danach noch drei weitere. Es wird ein kurzes Feuergefecht. Das Abfeuern eines 8,8cm-Geschützes ist nicht schwer, das Treffen eines beweglichen Ziels schon. Die US-Panzer schießen zurück, nach wenigen Minuten ist die SS vertrieben, das Geschütz zerstört. Durch einen Splitter wird leider auch eine unbeteiligte Bewohnerin so schwer verletzt, dass sie Tage später stirbt.[56]

Viele, teilweise sehr fanatische, junge SS-Soldaten gehen schnell und militärisch unnötig in den „Heldentod". Die Devise: „Für den Führer sterben" erscheint als das einzig erstrebenswerte Ziel. So

---

[54] Details zu dieser Waffe siehe z. B.: (Brandau 2011) http://homepage.ruhr-uni-bochum.de/christian.brandau/8-8-cm-Flak-41.html (10.11.19)

[55] Vgl. hierzu: (Staudinger 1999), S. 53

[56] ebd. Über – sehr wahrscheinliche – Verluste der SS waren keine Daten zu ermitteln.

auch hier. Die Sperre bei Marnbach zu setzen und zu verteidigen, war völlig überflüssig. Zudem werden SS-Führer vor allem in der Hauptkampfart „Angriff" und nicht in „Verteidigung" ausgebildet.

*

Als der kommandierende General des XXI. Korps, Generalleutnant Frank W. Milburn, vom für ihn überraschenden kampflosen Einnehmen der Stadt Weilheim erfährt, modifiziert er seine Pläne. Die 12. US-Panzerdivision soll so schnell wie möglich nach Süden bis an die Alpen vorstoßen und die Gunst der Stunde nutzen. Gleichzeitig wird der nachrückenden 36. US-Infanterie-Division Bad Tölz als

Abb. 60: US-Generalmajor Frank W. Milburn, kommandierender General des XXI. US-Korps Foto: US-Army, public domain.

neues Angriffsziel zugewiesen. Milburn ist sich nach wie vor nicht sicher, ob es noch zu heftigen Gefechten mit bisher unerkannten SS-Einheiten kommen wird. Sein rechter Nachbar, das VI. US-Korps hat in den Mittagsstunden des 29.04.45 mit den vordersten Kräften, einem Bataillon der 10. US-Panzerdivision bereits Ettal erreicht und ist auf dem besten Wege im Laufe des Tages Garmisch einzunehmen.[57] Wenn Milburn nicht zügig vorwärts

---

[57] Details zum Vorgehen US-Truppen im Raum Oberammergau – Garmisch-Partenkirchen finden sich hier: (Schwarzmüller 2006) :
https://www.gapgeschichte.de/ns_zeit_1945_kriegsende_text/kriegsende_text_2_ereignisse.htm (11.11.19)

kommt, öffnet sich die Flanke der 10. US-Division – eine ungünstige Situation. Das könnte die SS ausnützen und einen gefährlichen Gegenangriff starten. Deshalb drängt er seine Kommandeure zur Eile. Seine „Speerspitze" muss Weilheim sofort nach Süden verlassen, es bleibt keine Zeit auszuruhen. Jeglicher Widerstand der Wehrmacht oder SS auf dem Weg dahin ist sofort mit massivem Feuer zu brechen, um möglichst keine Zeit zu verlieren.

*

Schon seit den frühen Morgenstunden überquert die 36. US-Infanteriedivision den Lech über die Brücken bei Landsberg.

Abb. 61: 30 Tonnen schwere Sherman-Panzer des 753. US-Panzerbataillons beim Überqueren der notdürftig reparierten Eisenbahnbrücke über den Lech bei Landsberg am 29.04.45. Der Panzerfahrer fährt im Schritttempo genau auf den Stahlträgern. Foto: 12th Armored Division Museum, Abilene, Texas, USA – mit freundlicher Genehmigung.

Dann geht es auf der Landstraße bis zum Ostufer des Ammersees. Schon in der Höhe von Schöffelding ergibt sich dem vorneweg fahrenden 141. US-Infanterie-Regiment ein deutscher Generalmajor. Es ist Dr. Kurt Paape, der zuletzt Landsberg zu verteidigen hatte. Paape berichtet, dass seine Brigade nicht mehr existiert, sein Vorgesetzter, Generalleutnant Hahm, aber noch über eine SS-Division verfügt. Viel Neues kann er den US-Amerikanern nicht mitteilen. Immerhin weiß jetzt General Milburn, dass das Armee-Korps der Wehrmacht weiter an Kampfkraft eingebüßt hat. Die ganze US-Division fährt „aufgesessen", d. h. alle Infanteristen sitzen auf den LKWs und Panzern, mit einer Marschgeschwindigkeit von etwa 30 km/h. Über Dießen und Pähl erreicht sie ohne nennenswerte Feindberührung bereits in den frühen Nachmittagsstunden Weilheim. Dort hat inzwischen der für die Verwaltung besetzter Gebiete zuständige Offizier erste Anordnungen getroffen:[58]

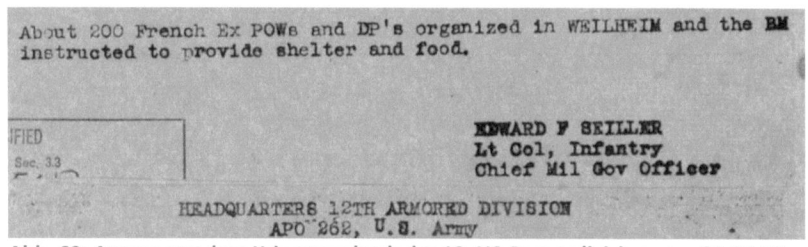

Abb. 62: Auszug aus dem Kriegstagebuch der 12. US-Panzerdivision vom 29.04.45. Oberstleutnant Seiller, der Chef der Militärverwaltung, schreibt, man hat den Weilheimer Bürgermeister angewiesen, Nahrung und Unterkunft für die rund 200 in der Stadt befreiten französischen Kriegsgefangenen (POW = Prisoner Of War) und Fremdarbeiter (DP's = Displaced Persons) bereit zu stellen. Status "geheim" aufgehoben, public domain. Quelle: siehe Fußnote 58

---

[58] Kriegstagebuch der 12. US armored division: (The Portal of Texas History 2019)
https://texashistory.unt.edu/ark:/67531/metapth639084/m1/77/zoom/?q=l ffeldorf&resolution=1.0497166836230671&lat=2949.6421060152998&lon= 2171.308296072662 (11.11.2019)

Da genau 36 französische Kriegsgefangene registriert sind, muss es sich bei den restlichen etwa 160 Personen um sonstige „Fremdarbeiter" handeln. Die Firma Zarges hat Zwangsarbeiter im Einsatz, diese aber in eigens dafür errichteten Zweckbauten für damalige Verhältnisse ordentlich versorgt. In Weilheim gibt es kein KZ-Außenlager.

*

Die 12. US-Panzerdivision erreicht unterdessen recht schnell Murnau. Nicht einmal drei Stunden vergehen, bis der erste Soldat der B Kompanie (B troop) des 116. Aufklärungsbataillons die Ortschaft vor sich sieht. Auf dem Weg dorthin ergeben sich immer wieder ganze Gruppen von Wehrmachtssoldaten.

Abb. 63: Soldaten der 12. US-Panzerdivision auf einem „Halftrack" Fahrzeug unterwegs von Weilheim nach Murnau. Zu Fuß kommen kapitulierende Wehrmachtssoldaten mit erhobenen Händen entgegen. Foto: 12th Armored Division Museum, Abilene, Texas, USA – mit freundlicher Genehmigung.

Trotz der hohen Geschwindigkeit beziehen die beiden vorne mitfahrenden Artilleriebataillone immer wieder abwechselnd Stellungen um notfalls mit Feuer unterstützend eingreifen zu können.

Abb. 64: Eines der "selbst fahrenden" (self propelled) 105-mm-Geschütze auf Sherman-Panzerfahrgestell mit Munitionsanhänger kurz vor Murnau am 29.04.45. Foto: 12th Armored Division Museum, Abilene, Texas, USA – mit freundlicher Genehmigung.

In Murnau befindet sich ein Kriegsgefangenenlager für Offiziere mit über 5.000 Insassen.[59] Dort sind gemäß dem Kriegsvölkerrecht hauptsächlich Polen interniert, davon allein 25 im Generalsrang. Davon wissen die anrückenden US-Soldaten aber nichts. Sie erkennen am Ortseingang zunächst nur eine Kaserne. Murnau ist die Grenze zur „Alpenfestung", die Finger sind am Abzug, man rechnet mit erheblichem Widerstand. Das 493. US-Artilleriebataillon ist feuerbereit. Ein Aufklärungsflug der begleitenden Mustang-Flugzeuge ergibt keine brauchbaren Ergebnisse.

---

[59] Eine Kurzinformation über dieses Lager bietet (Wikipedia 2019): https://de.wikipedia.org/wiki/Oflag_VII_A (11.11.19)

Nun begehen auf tragische Weise zwei SS-Offiziere der Wachmannschaft des dortigen Kriegsgefangenenlagers Selbstmord und gefährden damit die ganze Ortschaft. Sie fahren aus dem Haupttor der Kaserne mit einem Auto direkt provozierend auf den Spähtrupp der US-Aufklärer los und reagieren nicht auf Rufe und Warnschüsse, bis diese aus kurzer Distanz ihr sofort tödliches Feuer eröffnen. Für einen Augenblick stockt der Vormarsch. Die Artillerie justiert die Geschütze. Glücklicherweise zeigt sich kein weiterer Widerstand. Die US-Soldaten rücken in Murnau ein und bereiten dort das Hauptquartier für den Divisionsstab vor.

```
Capt. Harvey, MOO CC-R, after having set up MG in WEILHEIM, arrested
the first BM there and installed the Asst BM. Set up auxiliary po-
lice force from French POWs. Removed from office 30 auxiliary police,
who were sent to WEILHEIM from AUGSBURG to assist Germans in retreat.
Turned over to Maj Durham, MOO 36th Inf Div all MG work and information.

Sgt Feld accompanied Maj Summers, Hq Comdt, to Murnau to assist in
billeting Div Hq CP  and handle MG matters.
                                            Section moved with Div
Hq closing there at 0900.


                            EDWARD F SEILLER
                            Lt Col, Infantry
                            Chief Mil Gov Officer
```

Abb. 65: Auszug aus dem Kriegstagebuch der 12. US-Panzerdivision vom 29.04.45. Das deutsche Wort Bürgermeister wird im militärischen Sprachgebrauch mit „BM" abgekürzt. „POW" sind Kriegsgefangene (Prisoner Of War), MG bedeutet Militärverwaltung (military government). Oberstleutnant Seiller berichtet, dass Captain Harvey in Weilheim eine Militärverwaltung eingerichtet und den Bürgermeister (Sprenger) inhaftiert hat. Der stellvertretende Bürgermeister führt die Geschäfte. Befreite französische Kriegsgefangene ernennt er zu Hilfspolizisten. Die Dienstgeschäfte sind an Major Durham von der 36. US-Infanteriedivision übergeben worden. Sein Feldwebel (Sgt) unterstützt den für das Hauptquartier der Division verantwortlichen Major (Summers) bei der Suche einer geeigneten Liegenschaft in Murnau. Status "geheim" aufgehoben, public domain. Quelle: siehe Fußnote 58

*

Viele tausend US-amerikanische Soldaten durchqueren bis in die Abendstunden des 29.04.45 Weilheim. Es sind neben der Nachhut der 12. US-Panzerdivision vor allem Angehörige der 36. US-Division, vorneweg das 141. US-Infanterieregiment mit über 3.000 Mann. Hartnäckig hält sich in diesen Tagen aber trotzdem das Gerücht einer Alpenfestung. Fanatische Nazis glauben ebenso daran, wie die Alliierten. Hunderte von Militärfahrzeugen, teilweise beladen mit hochgeheimen Unterlagen, machten sich in diesen Tagen auf den Weg nach Tirol; der vermeintlich sicherste Weg führt nun nicht mehr über Weilheim, sondern über Bad Tölz und den Achenpass. Die Amerikaner nennen diese Route „Rattenlinie Süd". Es ist nicht von der Hand zu weisen, dass auch Himmler durchaus beabsichtigte, in den Alpen den Krieg mit SS-Kräften weiterzuführen. In Weilheim gibt es Gerüchte, Himmler wäre in einem Panzerzug nahe der Stadt.

Abb. 66: Bildnachweis: Bundesarchiv, Bild 101III-Weil-060-13. In der Mitte Heinrich Himmler, Reichsführer der SS, rechts daneben sein persönlicher Adjutant Joachim Peiper, verantwortlich für mehrere Massaker.

In Wirklichkeit ist Himmler im hohen Norden. Als Hitler am 28.04.1945 erfährt, dass der „Reichsführer SS" dem alliierten Oberbefehlshaber Eisenhower eine Teilkapitulation anbietet, bekommt er einen Wutanfall und enthebt ihn formell seiner Ämter, was aber praktisch wirkungslos bleibt. Offiziell wird nun Gauleiter Giesler aus München der neue Innenminister.[60]

Jedenfalls versuchte der als „Feldwebel Heinrich Hitzinger" verkleidete Himmler in Begleitung seiner Adjutanten Macher und Grothmann tatsächlich die Alpen zu erreichen. Zwei aufmerksamen sowjetischen Soldaten auf Patrouille verdanken wir seine Gefangennahme. Sie hielten ihn an und kontrollierten die Papiere. Der vermeintliche Feldwebel und seine zwei Begleiter wurden von ihnen zur Befragung zum Stützpunkt gebracht. Himmler leistete keinen Widerstand, er verließ sich wohl auf seine Tarnung. Für ihn unglücklich erwies sich der Umstand, dass damals englische und sowjetische Soldaten gemeinsam auf Patrouille gingen. Um ja nichts falsch zu machen, kam er vorsichtshalber in Haft. Zwei Tage vergingen, schließlich riss Himmler wohl der Geduldsfaden. Er gab seine wahre Identität preis und verlangte, einen Offizier sprechen zu können. Ein am Stützpunkt anwesender britischer Major erkannte ihn anhand einer Suchkarte und verhaftete den „Reichsführer". Er wurde nach Lüneburg zur Befragung verbracht, sah keinen Ausweg mehr und biss auf eine gläserne Zyankalikapsel, die er immer bei sich trug. Nach 15 Minuten war er tot.[61]

---

[60] Vgl. hierzu (Wichmann 2014):
https://www.dhm.de/lemo/biografie/heinrich-himmler (11.11.19)
[61] Details finden sich z. B. bei (Chavkin 2016)
https://www.ku.de/forschungseinr/zimos/publikationen/forum/dokumente/die-letzten-tage-von-heinrich-himmler/ (12.11.19)

8. Montag, 30.04.1945

Schneefall, tagsüber 0° C, Nachtfrost

In der Nacht hat das 141. US-Infanterieregiment sein mobiles Hauptquartier in Seeshaupt aufgeschlagen. Oberst Owens, der Kommandeur, befiehlt dem I. Bataillon einen Weg über Königsdorf nach Bad Tölz zu erkunden. Das II. Bataillon soll südlich davon Penzberg einnehmen.

Besonders tragisch ist, dass nicht einmal 48 Stunden davor mutige Männer ihr Leben lassen mussten, damit die Penzberg kampflos übergeben werden konnte. Die schließlich anrückenden US-Truppen treffen tatsächlich auf keinen Widerstand, die Funktionäre der NSDAP haben die Stadt Richtung Süden verlassen. Das Kriegstagebuch spricht von einer freundlichen deutschen Bevölkerung, die US-Soldaten werden mit guten, warmen Mahlzeiten versorgt. An vielen Gebäuden hängen weiß-blaue Fahnen, was die Amerikaner sehr verwundert, sie hatten weiße Fahnen erwartet.

Das III. Bataillon erreicht Iffeldorf. Dort gibt es leichten Widerstand durch SS-Soldaten, die nach einem kurzen Feuergefecht mit den Amerikanern schnell das Weite suchen. Es handelt sich dabei um die Wachmannschaft eines in Staltach wegen Stromausfalls stehen gebliebenen Güterzuges mit etwa 2.400 KZ-Häftlingen. Das Kriegstagebuch spricht von vielen Personen in einem äußerst schlechten Allgemeinzustand. Selbst in der nüchternen Militärsprache kann man das Entsetzen der militärischen Führer vor Ort erkennen. Das ganze US-Bataillon ist im Einsatz, um die Befreiten mit dem Nötigsten zu versorgen. Glücklicherweise ist eine Sanitätskompanie des 111. US-Medical-Bataillons in der Nähe; es hat viel zu tun. Die US-Soldaten weisen die Bewohner an, Häftlinge aufzunehmen. Viele Schwerkranke werden mit Lastkraftwagen über Weilheim sofort ins Feldlazarett nach Landsberg transportiert. Die Wut auf alles, was eine schwarze SS-Uniform trägt, wird immer größer.

*

In Raum Murnau darf die 12. US-Panzerdivision kurz pausieren. Das plötzlich winterliche Wetter macht den Soldaten zu schaffen. Panzer haben durch die Gleisketten einen niedrigen Bodendruck. Bei glatten Straßen rutschen sie sofort weg. Spezielle „Schneegreifer" müssen in die Ketten eingeschlagen werden, das kostet Zeit.

Abb. 67: Ein US-Panzersoldat auf dem Weg zum „Essen fassen" bei Murnau, dem Hauptquartier der 12. US-Panzerdivision. Der eingeschneite „Medium Tank" ist ein Sherman M4 mit 75-mm-Kanone. Foto: 12th Armored Division Museum, Abilene, Texas, USA – mit freundlicher Genehmigung.

Inzwischen haben die US-Soldaten das große Murnauer Kriegsgefangenenlager aufgelöst. Der Sprecher der Gefangenen, Generalmajor Juliusz Karol Rómmel aus Polen, bleibt vorerst im Amt. Die verantwortlichen Wehrmachtsoffiziere der Lagerleitung werden festgenommen:

Abb. 68: Der Kommandeur des Offizier-Kriegsgefangenenlagers in Murnau (Oflag VII a), Generalmajor Alfred Petry (mit Aktentasche) wird zusammen mit seinem Stab am 30.04.1945 gefangen genommen. Vorne links ein US-Soldat mit M1 Garand -Gewehr. Foto: 12th Armored Division Museum, Abilene, Texas, USA – mit freundlicher Genehmigung.

Die Spähtrupps der Division erkunden das Gelände bis nach Eschenlohe. Zur großen Überraschung der US-Militärführung ist von einer „Alpenfestung" weit und breit nichts zu sehen. Die Murnauer Zivilbevölkerung verhält sich gastfreundlich, die teilweise sehr übermüdeten US-Soldaten lächeln dankbar zurück.

In Weilheim ist inzwischen Generalmajor John E. Dahlquist eingetroffen, der Kommandeur der 36. US-Infanteriedivision. Seine Eltern sind aus Schweden in die USA eingewandert. Der sprachbegabte General kann sich mühelos mit der Weilheimer Bevölkerung ohne Zuhilfenahme eines Dolmetschers verständigen. Er ist sehr erfreut über die menschenwürdige Behandlung der US-Kriegsgefangenen. Dafür verantwortlich ist nicht zuletzt Straßenmeister Wirth. Unter seiner Aufsicht arbeiteten die Männer als Straßenarbeiter, bei der Müllabfuhr

Abb. 69: Major General John E. Dahlquist, damals Kommandeur der 36. US-Infanteriedivision. Später 4-Sterne-General. Foto: US-Army, public domain.

und als Bauhelfer. Es sieht so aus, als hätte der General zum Dank eine ganze Kompanie US-Soldaten in der Stadt belassen, die „Panzer-Abwehr-Einheit". Denn hinter den US-Amerikanern drängen die Kolonialsoldaten der französischen B-Armee nach; sie wollen als erste nach Berchtesgaden und den Berghof des „Führers" einnehmen (was ihnen auch gelingen wird). Übereinstimmende Berichte von Augenzeugen bringen aber gerade die Soldaten dieser französischen Division mit Plünderungen und Vergewaltigungen in Verbindung. Jedenfalls ergibt die Stationierung der US-Kompanie militärisch keinen Sinn, verhindert aber den Zugriff der französischen Division auf die Stadt.

Die Weilheimer Bevölkerung hat auch „ihre" französischen Kriegsgefangen sehr gut behandelt, das geht aus einem erhalten gebliebenen Dankschreiben an Straßenmeister Wirth hervor, das glücklicherweise erhalten geblieben ist.:

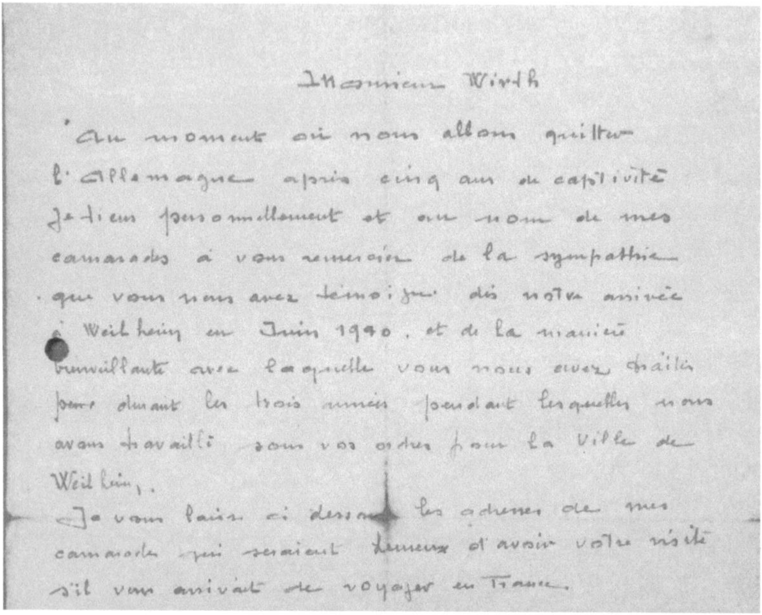

Abb. 70: Originalschreiben (auf Packpapier) der befreiten französischen Kriegsgefangenen, Weilheim, 30.04.45. Stadtarchiv Weilheim.

Dazu eine zeitgenössische Übersetzung:

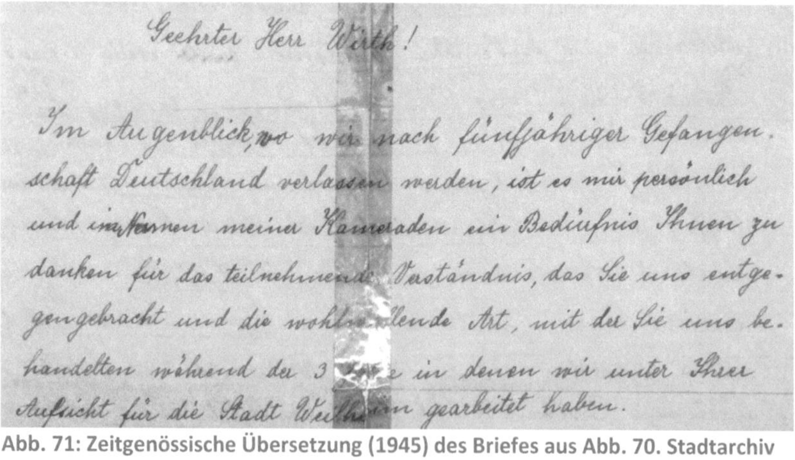

Abb. 71: Zeitgenössische Übersetzung (1945) des Briefes aus Abb. 70. Stadtarchiv Weilheim.

„Sehr geehrter Herr Wirth! Im Augenblick, wo wir nach fünfjähriger Gefangenschaft Deutschland verlassen werden, ist es mir persönlich und im Namen meiner Kameraden ein Bedürfnis Ihnen zu danken für das teilnehmende Verständnis, das Sie uns entgegengebracht und die wohlwollende Art, mit der Sie uns behandelten, während der Tage in denen wir unter Ihrer Aufsicht für die Stadt Weilheim gearbeitet haben."

Es folgen die Namen und Adressen der französischen Soldaten mit Unterschrift. Noch Jahre später bleiben sie in Kontakt. Allerdings verlassen sie – mit ausdrücklicher Genehmigung der US-amerikanischen Militärverwaltung – bereits am 30.04.45 mit dem nagelneuen Magirus-LF8-Löschfahrzeug der der Weilheimer Feuerwehr die Stadt Richtung Heimat.[62]

Die französischen Gefangenen standen also als „Schutz" vor Plünderungen nicht mehr zur Verfügung. Aber dafür waren eben auch die US-Soldaten da. Des Weiteren gibt es übereinstimmende Augenzeugenberichte, dass sogar befreite „Fremdarbeiter" der Firma Zarges sich schützend vor die Zivilbevölkerung stellten. Jedenfalls vermerkt der Polizeibericht, dass es praktisch zu keinen Plünderungen in der Stadt kam – ganz im Gegensatz zu umliegenden Orten.

Aus dem Umfeld der Stadtverwaltung muss General Dahlquist auch vom Aufenthaltsort des „Reichsverwesers" Horthy erfahren haben. Ein gegen Abend in Marsch gesetzter US-Spähtrupp hat

---

[62] Vgl. dazu (Obb. 1976) Festschrift der Freiwilligen Feuerwehr Weilheim zum 100jährigen Bestehen, 1976, S. 38 Der Schaden für die Stadt hielt sich in Grenzen, denn zwei Wehrmachtsfeuerwehrfahrzeuge in der Nähe Weilheims konnten requiriert werden.

ihn auf Schloss Hirschbach am Haarsee vorgefunden. Die SS-Bewacher hatten da schon das Weite gesucht.

In einzelnen Gehöften rund um Weilheim halten sich an diesem Tag noch viele versprengte Wehrmachtssoldaten auf. Manche erbetteln Zivilkleidung, um unterzutauchen. Andere gehen vorsichtig auf die US-Soldaten zu und ergeben sich.

Abb. 72: Fünf Wehrmachtssoldaten in Winterkleidung mit Gebirgsjägermütze ergeben sich einem US-Soldaten der 36. US-Panzerdivision. Das „T" auf dem Ärmel des US-Soldaten zeigt diese Divisionszugehörigkeit. SZ-Photo-h-0011-3333

*

In Berlin ermordet Adolf Hitler an diesem Tag gegen 15.15 Uhr seine frisch angetraute Ehefrau Eva Braun und begeht anschließend Selbstmord. Die Nachricht bleibt den ganzen Tag über geheim. Der Großdeutsche Rundfunk schaltet aber um auf ernste Musik; einige ahnen, was passiert sein könnte.

9. Weilheim und der Raketenpionier

Wie vorher beschrieben, hatte bei Kriegsende die Firma Zarges ihren Hauptsitz in Weilheim. Deren Gründer, der im Jahr 1900 geborene Walther Zarges, lernte Anfang der 30er Jahre einen gewissen Wernher von Braun (*1912) kennen. Vermittelt wurde dieser Kontakt über die deutsche „Aluminiumzentrale" in Düsseldorf. Von Braun war auf der Suche nach einem Fachmann für Leichtbau, denn bei der Herstellung einer Brennkammer für Raketen war ein Problem aufgetreten. Walther Zarges konnte helfen, schließlich war er einer der wenigen Experten, die mit dem damals relativ neuen Werkstoff Aluminium umgehen konnten. Überliefert sind v. Brauns Worte: „Walther Zarges ist der richtige Mann dafür."[63]

So entstand mit der Zeit eine enge Zusammenarbeit bei der Konstruktion und Fertigung von Raketenantrieben. Das Berliner Heereswaffenamt attestiert eine „außerordentliche Sachkenntnis und Erfahrung in allen Fragen der Leichtmetallverarbeitung."[64]

Zarges entwickelte ein eigenes, patentiertes Lötverfahren, um die Innen- und Außenbehälter der Raketenbrennkammern zu verbinden. Das Weilheimer Werk lieferte –

Abb. 73: Eine Rakete vom Typ "Aggregat 4", genannt "V 2" beim Start. Foto: Bundesarchiv, RH8II Bild-B0790-42 BSM / CC-BY-SA 3.0 <u>Lizenz</u> (1945)

---

[63] vgl. (Zarges 2008, 9) Festschrift zum 75jährigen Bestehen der Firma
[64] ebd., S. 16

natürlich streng geheim – aber nicht nur wesentliche Elemente der Brennkammern, sondern auch noch viele weitere Leichtmetallbauteile der Raketen. Wernher von Braun hat die Raketentechnologie nicht allein erfunden, er war vielmehr der technische Koordinator.

Zwischen Zarges und v. Braun entwickelte sich mit der Zeit eine enge Freundschaft. Abendelang diskutierten die beiden in Berlin und suchten nach Verbesserungen der Raketenkonstruktion.[65]

Gegen Ende des Krieges verwundert es also nicht, dass v. Braun seinen alten Freund bat, ihm Unterschlupf zu gewähren. Unerkannt von vielen war seit Anfang April 1945 schon sein jüngerer Bruder, Magnus v. Braun (*1919 ✝2003), in Weilheim. Mitte April kam dann auch Wernher v. Braun dazu.[66] Beide sind im Melderegister der Stadt nicht erfasst. Das kann sowohl mit der hohen Geheimhaltungsstufe als auch mit der schützenden Hand Walther Zarges' zu tun haben. Als Aufenthaltsort kommt vor allem das Firmengelände oder das „Zarges-Lager" in Frage. Zum Zeitpunkt des Luftangriffes am 19.04.45 befanden sich beide also in ernsthafter Gefahr – die Geschichte der Apollo-Mondmissionen wäre ohne die beiden sicher anders verlaufen.[67]

Nach der Übernahme der Stadt meldete sich Magnus v. Braun am 30.04.45 bei der US-amerikanischen Militärregierung, die im neuen Rathaus ihren provisorischen Sitz hatte. Sein Ziel war es, zusammen mit seinem Bruder möglichst reibungslos die Seiten

---

[65] ebd. S. 16
[66] Siehe z. B.: (Wikipedia 2019):
https://de.wikipedia.org/wiki/Magnus_von_Braun_(Ingenieur) (20.11.19)
[67] Zum Wirken Wernher v. Brauns in den USA siehe z. B.: (Wikipedia 2019):
https://de.wikipedia.org/wiki/Wernher_von_Braun (20.11.19)

wechseln zu können. Eine im Raum stehende Anklage als Kriegsverbrecher wollte er vor allem für seinen Bruder vermeiden. Immerhin war Wernher nicht nur „Parteigenosse" sondern auch SS-Sturmbannführer, was dem Dienstgrad eines Majors entspricht. Bei der Produktion der V2-Rakete kamen tausende Zwangsarbeiter und Häftlinge der Konzentrationslager zu Tode. Deshalb sorgte er zuerst für ein sicheres Versteck; Wernher v. Braun verließ Weilheim kurz vor dem amerikanischen Einmarsch in Richtung Sonthofen. In Oberjoch besaß die Verlegerfamilie Rother (Bergverlag Rother, Oberhaching bei München) ein Hotel, das die Luftwaffe schon 1943 beschlagnahmt hatte: „Haus Ingeburg". Dort fand die ganze Gruppe aus der Raketenversuchsanstalt Peenemünde, etwa 70 Personen, zunächst Unterschlupf.

Leider verletzte sich Wernher v. Braun bei einem Autounfall; sein Fahrer wahr wohl eingeschlafen. Der Sonthofener Chefarzt Dr. Karl Lohmüller operierte den gebrochenen Arm, die nächste Zeit trug v. Braun einen großen Gipsverband.

Neben dem technischen Direktor, v. Braun, hatten die Raketenfachleute auch einen militärischen, den Generalmajor Walter Dornberger (*1895 ✝1980). Dieser hatte dem Leiter der SS-Rüstungsprojekte, SS-Obergruppenführer (General) Dr. ing. Hans Kammler, laufend Bericht zu erstatten. Kammler war es auch, der die ganze Gruppe in den Süden Deutschlands beorderte. Vielleicht wollte er die Ingenieure als Faustpfand für sich selbst nutzen. Dazu kam es nicht mehr, Kammler verübte angeblich am 09.05.45 in Prag Selbstmord. Die Umstände dazu sind bis heute nicht geklärt.[68]

---

[68] Vgl. (Döbert 2019): https://www.wilsoncenter.org/publication/hans-kammler-hitlers-last-hope-american-hands (20.11.19, teilweise in engl. Sprache)

Die US-Militärverwaltung in Weilheim reagierte schnell und gab Magnus von Brauns Anfrage sofort auf dem Dienstweg an das US-Oberkommando weiter.

Zu dieser Zeit hatte die US-Regierung eine eigene Task Force, eine Projektgruppe, damit beauftragt, möglichst viel über die deutsche Waffen- und Rüstungstechnik in Erfahrung zu bringen. Material sollte geborgen und in die USA verschifft, Konstrukteure gefangen genommen und befragt werden. Der Tarnname dieser Task Force war später, im Sommer 1945, „Paperclip".[69]

Das US-Oberkommando gab am 01.05.45 der bei Reutte/Tirol stehenden 44. US-Division, unter dem Kommando von Major General William F. Dean, den Auftrag, die Gruppe um Wernher v. Braun „asap" (= as soon as possible – so schnell wie möglich) unversehrt festzusetzen. Dean gab den Befehl an das ihm unterstellte 324. Infanterieregiment weiter, eine Kompanie

Abb. 74: Die Gruppe um Raketenpionier Wernher v. Braun (Bildmitte, mit Gips) und Generalmajor Dornberger (Bildmitte, 8. v. links, mit Hut) bei ihrer Gefangennahme durch das 324. Infanterieregiment am 02.05.45. SZ-Photo-h-0027-5715

---

[69] Einen Überblick bietet z. B.: (Wikipedia 2019): https://de.wikipedia.org/wiki/Operation_Overcast (20.11.19)

setzte sich in Bewegung und nahm tatsächlich am 02.05.45 in Hindelang (Oberjoch) die Wissenschaftler in Gewahrsam.

Militärisch gesehen war die Rakete als „Vergeltungswaffe" praktisch nutzlos. Die Produktion bündelte wertvolle Ressourcen. Die Zielgenauigkeit ließ zu wünschen übrig und ein feindlicher Angriff war damit weder zu bremsen noch zu verhindern. Allenfalls psychologische Wirkung konnte sie entfalten – als Teil der Überlegenheit schaffenden sogenannten „Wunderwaffen". Doch technisch hatten die deutschen Wissenschaftler gegenüber der restlichen Welt einen erheblichen Entwicklungsvorsprung. Einige Fachleute sprechen von Jahren, einige von Jahrzehnten. Bei der Raketenentwicklung kommt es jedoch nicht nur auf die Fähigkeit an, einen zuverlässigen Antrieb zu entwickeln. Das geschah in Zusammenarbeit mit Zarges in Weilheim. Ebenso wichtig ist die richtige Aerodynamik. Magnus v. Braun informierte die US-Offiziere auch darüber. Noch geheimer als das Raketenforschungszentrum in Peenemünde existierte in Kochel das deutsche Aerodynamik-Zentrum mit dem größten Windkanal der Welt.

Die 12. US-Panzerdivision mit ihrem Hauptquartier in Murnau hatte zu diesem Zeitpunkt das 714. US-Panzerbataillon in Kochel und Benediktbeuern in Stellung. Dort bekam in den frühen Morgenstunden des 02.05.45 der Kommandeur überraschenden Besuch. Bei gut zwanzig Zentimeter Neuschnee näherte sich ein US-Jeep schlingernd dem

Abb. 75: Oberstleutnant (LtCol) Hall vor dem Ortsschild nach Kochel. Foto: 12th Armored Division Museum, Abilene, Texas, USA – mit freundlicher Genehmigung.

Gefechtsstand. Drinnen saßen neben dem Fahrer ein „Kapitän zu See" ein Offizier der US-Navy, also der US-Marine (!) und ein „Zivilist".

Wie kam es dazu? Magnus von Braun informierte die US-Soldaten am 30.04.45 ja auch über das Aerodynamik-Zentrum in Kochel. Der Tarnname dieser Einrichtung war „Wasserbau-Versuchsanstalt". Bei der Übermittlung der Information „nach oben" meinte wohl einer der Offiziere, dass müsse mit der Marine zu tun haben. Deshalb wurde schnellstens ein Marineoffizier als „Fachmann" eingeflogen, der nun zusammen mit Magnus von Braun in einem bereitgestellten Willis-Jeep nach Kochel fuhr.

So erklärte der Marine-Offizier dem völlig verblüfften Panzermann, dass er auf der Suche nach einem „Wind-Tunnel" sei, der möglicherweise von SS-Soldaten bewacht wäre. Ein Befehl an „Jeden, den es angeht" (To Whom It May Concern) unterschrieben nicht nur vom amerikanischen Präsidenten, sondern auch von Oberbefehlshaber Eisenhower, Admiral King und General Patch sicherte dem Marineoffizier jede Art von Unterstützung zu. Also befal der Panzer-Kommandeur einem Panzerzug mit vier Sherman-Panzern und 50 Mann Infanterie (mit Lastwagen) dem Marine-Kapitän zu helfen. Die kleine Streitmacht setzte sich in Bewegung und erreichte Kochel ohne auf Widerstand zu treffen. Die hochgeheimen Anlagen waren sehr gut versteckt. Der energieintensivere Teil des Windkanals lag in einer einfachen Halle direkt am Turbinenhaus des Walchenseekraftwerks. Der Bericht des Zeitzeugen erwähnt auch eine Brückensprengung an der Straße zum Walchensee. Es müssen also Verteidiger vor Ort gewesen sein.[70]

---

[70] Siehe dazu den Bericht des beteiligten Kommandeurs, der sich nur im Vornamen irrt: Es war nicht Wernher sondern Magnus von Braun. (Field 2005) http://www.12tharmoredmuseum.com/capture.asp (20.11.19)

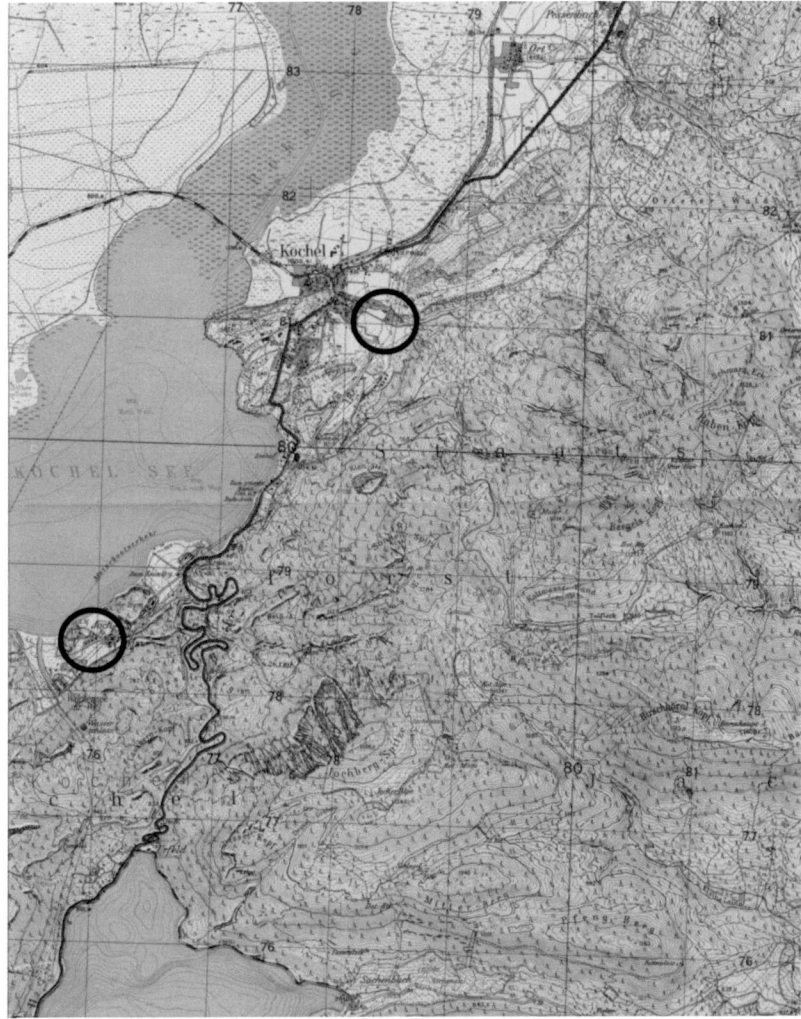

Abb. 76: Karte: Reichsamt für Luftaufnahme, Reproduktion Brigham Young University, eigene Bearbeitung. Eingekreist die beiden geheimen Standorte der "Wasserbauversuchsanstalt" bei Kochel. CC-BY-SA 3.0 <u>Lizenz</u> (1945)

Die für etwa 50 Millionen Reichsmark errichteten Anlagen (streng geheim als „Wasserbauversuchsanstalt" getarnt) erwiesen sich als sehr wichtig für die US-Behörden. Das Wissen und die

Konstruktionsunterlagen der über einhundert dort arbeitenden Ingenieure waren noch wertvoller. Der hochmoderne Windkanal zur Erforschung der Aerodynamik von Raketen und Flugkörpern galt als einzigartig. Ziel der deutschen Wissenschaftler war es, die V2-Rakete entscheidend weiter zu entwickeln um schließlich doch noch Amerika zu erreichen. Die passende Aerodynamik hat etwa 50 Prozent Anteil am Gelingen so einer Mission. Deshalb der große Aufwand.

Vorsichtig geschätzt sparten die Amerikaner mit diesem Beutegut im Kalten Krieg ab 1950 mindestens fünf Entwicklungsjahre für jede Art von Raketen ein. Die Anlage wurde dann tatsächlich von der Marine verwaltet und zur Entwicklung von Schiffsraketen genutzt.

Dr. Eckart schreibt dazu in einem Dossier zum Deutschen Luft- und Raumfahrtkongress 2014 in Augsburg (Dokument-ID 340001):[71]

„Anfang Mai 1945 besetzten amerikanische Truppen den Ort Kochel und in Folge veranlassten Wissenschaftler der 'von Kármán - Mission' eine Verlagerung vorhandener Maschinen und Planunterlagen in die USA. Dort wurde dieser 'Tunnel A' am AEDC Arnold Engineering Development Center, Tullahoma TN 1957 in Betrieb genommen, und wird seither für aerodynamische Modelltests, etwa des Mach 7 Experimentalflugzeugs X-15, für die Entwicklung des Space Shuttle und noch weitgehend geheime Untersuchungen an Hyperschall-Flugkörpern genutzt."

---

[71] Siehe (Eckardt 2014):
https://www.dglr.de/publikationen/2015/340001.pdf (20.11.19)

10. Das offizielle Kriegsende

Der entscheidende Durchbruch der US-amerikanischen Truppen hängt eng mit den Ereignissen am Abend des 01.05.1945 zusammen:
Ein zehn Mann starker Spähtrupp der A Kompanie des 141. US-Infanterieregiments unter dem Kommando von Leutnant (2nd Lt.) Joseph Burke aus St. Petersburg/Florida erkundet das Badviertel von Bad Tölz. Er ist im Dunkeln auf der Suche nach dem ehemaligen Oberbefehlshaber der deutschen Westfront, Generalfeldmarschall von Rundstedt, der sich dort zur Kur aufhalten soll; der Tipp kam von einem Kriegsgefangenen. Vor einem Hauseingang steht ein deutscher Soldat; ein Schuss fällt, die amerikanischen Soldaten gehen in Deckung. In der Dunkelheit pirscht sich der Leutnant an den Hauseingang heran und findet ihn verschlossen. Schnell umrundet er mit zwei Soldaten das Gebäude und kann über einen unverschlossenen Kellereingang eindringen.
Der Trupp entdeckt bei Kerzenschein im Hausflur mehrere deutsche Soldaten, die überraschenderweise salutieren. Ein deutscher Leutnant bittet den amerikanischen Offizier ins Wohnzimmer und stellt ihm seinen Vater vor: Generalfeldmarschall von Rundstedt, 70 Jahre alt, 53 Dienstjahre, bis vor kurzem Oberbefehlshaber der Westfront. Der nach Meinung des amerikanischen Oberbefehlshabers General Eisenhower fähigste deutsche Militärführer ist in Bad Tölz zur Kur und hat gerade sein Abendessen beendet.
Der Generalfeldmarschall ergibt sich förmlich, fordert seinen Fahrer auf, den Dienstwagen zu holen und fährt mit den Amerikanern zum Gefechtsstand. Glücklicherweise hat Leutnant Burke sechs Jahre lang die deutsche Sprache studiert und übersetzt die Aussagen v. Rundstedts während der Fahrt; man begegnet sich sehr respektvoll.

Der Regimentskommandeur wird per Funk informiert. Die Nachricht geht sofort weiter bis zum amerikanischen Oberbefehlshaber, General Eisenhower. Unverzüglich holt der Kommandeur des XXI. US-Korps, Major General Frank Milburn, den wichtigsten Gefangenen der letzten Monate zu sich.

Abb. 77: Generalfeldmarschall Gerd v. Rundstedt (links) im Gespräch mit Major General Frank Milburn, Kommandierender General des XXI. US-Korps, Mai 1945, SZ-Photo-h-0196 1588.

In einem langen Gespräch teilt der Generalfeldmarschall sein Wissen mit den US-Amerikanern. Es gibt keine Alpenfestung. Die SS ist am Ende, die Wehrmacht sowieso. Allein eine sofortige bedingungslose Kapitulation kann weiteres Sterben verhindern.

Milburn ordnet seine Divisionen neu. Die 12. US-Panzerdivision unternimmt einen Gewaltmarsch. Von Murnau aus geht es über die Olympiastraße nach Starnberg. Ein Teil biegt nach

Wolfratshausen ab und erreicht über sehr enge Straßen Sauerlach, Holzkirchen, Miesbach; schließlich am 04.05. Kufstein. Es gibt keinen nennenswerten Widerstand. Der andere Teil fährt nach München und über die Autobahn bis Rosenheim. Von dort aus geht es auch nach Kufstein, die Division ist wieder vereint.

Die 36. US-Division kämpft unterdessen die SS im Isarwinkel und dem Tegernseer Raum nieder. Hier gibt es noch heftige Gefechte, wobei auch in diesem Gebiet mutige Zivilpersonen ein noch größeres Blutvergießen verhindern. [72]
Bereits am 29.04.45 kapituliert die komplette Heeresgruppe in Italien, die Kämpfe enden aber erst am 02.05.45. Generaloberst Heinrich von Vietinghoff, genannt Scheel, der Befehlshaber, war dazu schon monatelang mit den Alliierten in geheimen Verhandlungen.
Kurz darauf, am 05.05.45, kapituliert in Baldham bei München der General der Infanterie Friedrich Schulz im Namen der Heeresgruppe G (Südbayern).

Am 08.05. ist dann endlich für Alle in Europa das Ende des Zweiten Weltkriegs da. Generaloberst Alfred Jodl unterzeichnet in Berlin die bedingungslose Kapitulation für das ganze Reich. Überall ist der Jubel grenzenlos. Die „T-Patcher", die ihre schützende Hand über die Stadt Weilheim gehalten haben, drucken eine Sonderausgabe ihrer Divisionszeitung. Natürlich mit einem Bericht über ihrem größten „Fang", Generalfeldmarschall von Rundstedt, auf der ersten Seite. Tatsächlich hat sich auch der noch von Hitler persönlich entmachtete Hermann Göring Soldaten dieser Division ergeben.

---

[72] Das ist Gegenstand eines anderen Werkes des Autors mit dem Titel: „Kriegsende im Isarwinkel" (2019).

Abb. 78: Sonderausgabe der Divisionszeitung vom 08.05.45. Foto: Texas Military Museum, Austin, USA, mit freundlicher Genehmigung.

Die Stadt Weilheim hatte das Glück, dass mutige Menschen beizeiten das Richtige getan haben. Ihnen gebührt unser Dank.

LITERATURVERZEICHNIS

Brandau, Christian. „Ruhr Universität Bochum." 2011. http://homepage.ruhr-uni-bochum.de/christian.brandau/8-8-cm-Flak-41.html (Zugriff am 29. 10. 2019).

Bruppbacher, Paul. *Die Geschichte der NSDAP. 4. Auflage, 2018, S. 90.* BoD, 2018.

Carter, Kit and Mueller, Robert. *Combat Chronology 1941 - 1945.* Washington D.C.: Center for Air Force History, 1991.

Chavkin, Boris et. al. „Katholische Universität Eichstätt." 2016. https://www.ku.de/forschungseinr/zimos/publikationen/foru m/dokumente/die-letzten-tage-von-heinrich-himmler/ (Zugriff am 15. 11. 2019).

Deutsche Biografie zu Hitler. 2019. https://www.deutsche-biographie.de/gnd118551655.html#ndbcontent (Zugriff am 10. 11. 2019).

Diem, Veronika. „Historisches Lexikon Bayerns." 22. 04 2015. https://www.historisches-lexikon-bayerns.de/Lexikon/Freiheitsaktion_Bayern_(FAB) (Zugriff am 20. 11. 2019).

Döbert, Frank. „Wilson Center." 18. 08 2019. https://www.wilsoncenter.org/publication/hans-kammler-hitlers-last-hope-american-hands (Zugriff am 21. 11. 2019).

Eckardt, D. „Deutscher Luft- und Raumfahrtkongress." 2014. https://www.dglr.de/publikationen/2015/340001.pdf (Zugriff am 30. 10. 2019).

Fait, Barbara. *Von Stalingrad zur Währungsreform. Zur Sozialgeschichte des Umbruchs in Deutschland.* München:

Hrsg.: Martin Broszat, Klaus-Dietmar Henke, Hans Woller, 1988.

Field, F. P. *12th Armored Division Museum.* 2005. http://www.12tharmoredmuseum.com/capture.asp (Zugriff am 05. 11. 2019).

„Forost Ungarisches Institut." 2009. http://www.forost.ungarisches-institut.de/pdf/19440319-2.pdf (Zugriff am 15. 11 2019).

Gedenken im Würmtal. 2019. https://www.gedenken-im-wuermtal.de/files/wtn/partner/gedenken-im-wuermtal/archiv/6.2.3.html (Zugriff am 30. 10. 2019).

Gerrits, Heinz. „Freundeskreis der Luftwaffe." 2019. http://www.freundeskreis-luftwaffe.de/index.php/nachrichten/100-besichtigung-weingut (Zugriff am 03. 11. 2019).

Greiner, Helmut und Schramm, Percy. *Kriegstagebuch des Oberkommandos der Wehrmacht.* Frankfurt a. M.: Bernard & Graefe Verlag für Wehrwesen, 1961.

Hennicke, Steffen. „Deutsches Historisches Museum Berlin." 19. 05 2015. https://www.dhm.de/lemo/kapitel/der-zweite-weltkrieg/kriegsverlauf/der-werwolf.html (Zugriff am 11. 11. 2019).

Historisches Lexikon Bayerns Traditionsgau München Oberbayern. 2019. https://www.historisches-lexikon-bayerns.de/ Lexikon/Traditionsgau_M%C3%BCnchen-Oberbayern,_1930-1945 (Zugriff am 30. 10. 2019).

Internet Archive, San Francisco, USA (non profit). 2019. https://web.archive.org/web/20100715134511/http:/www.see-blick.de/lblockwart.html (Zugriff am 30. 10. 2019).

Leicht, Johannes. *Deutsches Historisches Museum Berlin.* 2015. https://www.dhm.de/lemo/kapitel/der-zweite-weltkrieg/kriegsverlauf/die-wunderwaffen-v1-und-v2.html (Zugriff am 07. 11. 2019).

Lexikon der Wehrmacht. 30. 10. 2019. http://www.lexikon-der-wehrmacht.de/Waffen/panzer6.htm.

Lory, Roland. „Als Funktionär und als Lehrer in der Kritik." *Weilheimer Tagblatt*, 23.06.2018.

Menzel, Thomas. „Bundesarchiv." 2019. https://www.kas.de/web/rechtsextremismus/falsche-vorbilder-die-waffen-ss.

Military Wiki. 2019. https://military.wikia.org/wiki/Lockheed_P-38_Lightning#cite_note-Cesarani-74 (Zugriff am 30. 10. 2019).

Mordnacht. 30. 10 2019. http://www.mordnacht.de/28april.shtml (Zugriff am 03. 11. 2019).

Muigg, Mario. „Die Alpenfestung." *Journal for Intelligence, Propaganda and Security Studies*, No. 2 2007: 97 ff.

Obb., Freiwillige Feuerwehr Weilheim i. *Festschrift zum 100jährigen Bestehen.* Weilheim: Eigenverlag, 1976.

Panzerfaust, Unternehmen. 06. 10 2019. https://de.wikipedia.org/wiki/Unternehmen_Panzerfaust.

Phantom in Bayern, die Alpenfestung. *Spiegel Online*. 1964.
https://www.spiegel.de/spiegel/print/d-46174847.html
(Zugriff am 11. 11. 2019).

Pieken, Gorch. „MDR." 04. 04 2016.
https://www.mdr.de/zeitreise/pervitin-soldaten-krieg-droge-
hitler-deutsches-reich100.html (Zugriff am 20. 11. 2019).

Reinert-Tárnoky. „Horthy von Nagybánya, Miklós." In *Biografisches
Lexikon zur Geschichte Südosteuropas*, von Mathias / von
Schroeder, Felix Bernath, 183 - 185. München: Leibniz Institut
für Ost- und Südosteuropaforschung, 1976.

Schwarzmüller, Alois. „GAP Geschichte." 2006.
https://www.gapgeschichte.de/ns_zeit_1945_kriegsende_te
xt/kriegsende_text_2_ereignisse.htm (Zugriff am 11. 11.
2019).

Scriba, Arnulf. „Deutsches Historisches Museum Berlin." 19. 05 2015.
https://www.dhm.de/lemo/kapitel/der-zweite-
weltkrieg/kriegsverlauf/volkssturm.html (Zugriff am 20. 11.
2019).

Scriba, Arnulf. „Deutsches Historisches Museum Berlin." 11. 09 2015.
https://www.dhm.de/lemo/kapitel/ns-regime/ns-
organisationen/nsdap.html (Zugriff am 12. 11. 2019).

Staatsarchiv Eupen. 2014.
https://www.kriegserfahrungen.be/geschichte/zweiter-
weltkrieg/hintergrund-ardennenoffensive/.

Stadtarchiv Rosenheim. 30. 10 2019.
https://www.stadtarchiv.de/stadtgeschichte/rosenheim-im-
3-reich/luftschutz-und-luftangriffe/.

Staudinger, Heinz. *Zwischen Hakenkreuz und Sternenbanner.* München: CompuDig Verlag, 1999.

Steininger, Rolf. *Südtirol im 20. Jahrhundert.* Innsbruck: Studienverlag, 2004 .

The Portal of Texas History. 2019. https://texashistory.unt.edu/ark:/67531/metapth639084/m1 /77/zoom/?q=Iffeldorf&resolution=1.0497166836230671&la t=2949.6421060152998&lon=2171.308296072662.

Unterrichter, Dr. med. Leo. „Tiroler Landesmuseum Ferdinandeum." kein Datum. https://www.zobodat.at/pdf/VeroeffFerd_026-029_0555-0581.pdf.

van Hüllen, Rudolf. „Konrad Adenauer Stiftung." 2015. https://www.kas.de/web/rechtsextremismus/falsche-vorbilder-die-waffen-ss.

Vierjahresplan, Hitlers Denkschrift zum. *Institut für Zeitgeschichte München.* 09. 10 2019. https://www.ifz-muenchen.de/heftarchiv/1955_2_5_treue.pdf (Zugriff am 09. 10 2019).

Wichmann, Manfred. „Deutsches Historisches Museum Berlin." 14. 09 2014. https://www.dhm.de/lemo/biografie/heinrich-himmler (Zugriff am 20. 11. 2019).

Wikipedia. 2019. https://de.wikipedia.org/wiki/Operation_Overcast (Zugriff am 20. 11. 2019).

Wikipedia. 2019. https://de.wikipedia.org/wiki/Wernher_von_Braun (Zugriff am 20. 11. 2019).

Wikipedia. 2019. https://de.wikipedia.org/wiki/Magnus_von_Braun_(Ingenieur) (Zugriff am 20. 11. 2019).

Wikipedia. 2019. https://de.wikipedia.org/wiki/Oflag_VII_A (Zugriff am 30. 10. 2019).

Wikipedia. 2019. https://de.wikipedia.org/wiki/2e_division_blind%C3%A9e (Zugriff am 01. 11. 2019).

Wikipedia. 2019. https://de.wikipedia.org/wiki/Max_Blancke (Zugriff am 01. 11. 2019).

Wikipedia. 2019. https://de.wikipedia.org/wiki/Reichsluftschutzbund (Zugriff am 30. 10. 2019).

Wikipedia. 2019. https://de.wikipedia.org/wiki/Schloss_Hirschberg_am_Haarsee (Zugriff am 13. 10. 2019).

Wikipedia. 2019. https://de.wikipedia.org/wiki/Messerschmitt_Me_262 (Zugriff am 30. 10. 2019).

Wikipedia. 30. 10 2010. https://de.wikipedia.org/wiki/Lockheed_P-38 (Zugriff am 30. 10. 2019).

Wikipedia. 2019. https://de.wikipedia.org/wiki/12th_Army_Group (Zugriff am 30. 10. 2019).

Wikipedia. 2019. https://de.wikipedia.org/wiki/Unternehmen_Eiche (Zugriff am 19. 10. 2019).

Zarges. *Festschrift zum 75jährigen Bestehen.* Weilheim: Eigenverlag, 2008.

Stadtarchiv Weilheim in Oberbayern:

<u>Bestand Magistratsakten (MA)</u>

MA 7/75	Aufstellung über das Ausmaß des Luftangriffs am 19. April 1945 – Sachschäden
MA 7/77	Kriegsgefangenenlager bei der Stadtgemeinde Weilheim
MA 71/50	Verlegung der Firma Zarges & Co. nach Weilheim
MA 71/51	Zarges-Quartiere
MA 144/23	Rathaus – Neubau; Wettbewerbsveranstaltung
MA 144/24	Rathaus – Neubau; Wettbewerb v. 14. Jan. 1935
MA 144/26.1	Erbauung eines Rathauses mit Sparkasse
MA 144/83.2	Rathaus Neubau

<u>Bestand Hauptamt</u>

HA 030-1913

<u>Bestand Ordnungsamt</u>

OA 13-225

OA 13-226

<u>Zwischenarchiv</u>

AZ 0.22.1

AZ 0.44.5

<u>Plansammlung (PLS)</u>

Weilheim – Umgestaltung im III. Reich

<u>Zeitgeschichtliche Sammlung</u>

- Sammlung Persönliche Aufzeichnungen zum Kriegsende in Weilheim
- Nachlass Theobald Wirth sen.
- Erinnerungen Manfred Heinrich

<u>Archivbibliothek (AB)</u>

AB 5863

Archiv der Katholischen Stadtpfarrei Mariae Himmelfahrt, Weilheim in Oberbayern

Predigtbuch 1918 - 1955

QR-CODE VERZEICHNIS

Buch Seite	Link	QR
10	https://www.deutsche-biographie.de/gnd118551655.html#ndbcontent	
	Link	**QR**
10	https://www.historisches-lexikon-bayerns.de/Lexikon/Traditionsgau_M%C3%BCnchen-Oberbayern,_1930-1945	
	Link	**QR**
16	https://www.ifz-muenchen.de/heftarchiv/1955_2_5_treue.pdf	
	Link	**QR**
24	https://de.wikipedia.org/wiki/Schloss_Hirschberg_am_Haarsee	
	Link	**QR**
24	https://de.wikipedia.org/wiki/Unternehmen_Eiche	

Buch Seite	Link	QR
26	https://www.biolex.ios-regensburg.de/BioLexViewview.php?ID=976	
	Link	**QR**
26	http://www.forost.ungarisches-institut.de/pdf/19440319-2.pdf	
	Link	**QR**
26	https://de.wikipedia.org/wiki/Unternehmen_Panzerfaust	
	Link	**QR**
27	https://www.spiegel.de/spiegel/print/d-46174847.html	
	Link	**QR**
28	https://www.kriegserfahrungen.be/geschichte/zweiter-weltkrieg/hintergrund-ardennenoffensive/	

Buch Seite	Link	QR
29	https://de.wikipedia.org/wiki/12th_Army_Group	
	Link	**QR**
30	https://deacademic.com/dic.nsf/dewiki/60819#Alpenfestung_in_der_Zeit_des_Nationalsozialismus	
	Link	**QR**
32	http://www.lexikon-der-wehrmacht.de/Waffen/panzer6.htm	
	Link	**QR**
33	https://de.wikipedia.org/wiki/Messerschmitt_Me_262	
	Link	**QR**
34	https://www.dhm.de/lemo/kapitel/der-zweite-weltkrieg/kriegsverlauf/die-wunderwaffen-v1-und-v2.html	

Buch Seite	Link	QR
35	https://books.google.de/books?id=ErN3DwAAQBAJ&pg=PT149&lpg=PT149&dq=15+us+luftflotte&source=bl&ots=O09quAHQUC&sig=ACfU3U2nBnit9CfxsvJOTSOrqAq4ztEqjQ&hl=de&sa=X&ved=2ahUKEwikoKC4nKvlAhVIyqQKHVW1DAI4ChDoATACegQICRAB#v=onepage&q=15%20us%20luftflotte&f=false	
	Link	**QR**
37	https://media.defense.gov/2010/May/25/2001330283/-1/-1/0/AFD-100525-035.pdf	
	Link	**QR**
39	https://de.wikipedia.org/wiki/Lockheed_P-38	
	Link	**QR**
46	https://www.stadtarchiv.de/stadtgeschichte/rosenheim-im-3-reich/luftschutz-und-luftangriffe/	

Buch Seite	Link	QR
47	https://www.zobodat.at/pdf/Veroeff Ferd_026-029_0555-0581.pdf	
	Link	**QR**
51	https://web.archive.org/web/20100715134511/http:/www.see-blick.de/lblockwart.html	
	Link	**QR**
51	https://de.wikipedia.org/wiki/Reichsluftschutzbund	
	Link	**QR**
55	https://www.dhm.de/lemo/kapitel/der-zweite-weltkrieg/kriegsverlauf/volkssturm.html	
	Link	**QR**
60	http://www.freundeskreis-luftwaffe.de/index.php/nachrichten/100-besichtigung-weingut	

Buch Seite	Link	QR
60	https://www.gedenken-im-wuermtal.de/files/wtn/partner/gedenken-im-wuermtal/archiv/6.2.3.html	
	Link	**QR**
60	https://de.wikipedia.org/wiki/Max_Blancke	
	Link	**QR**
67	https://www.historisches-lexikon-bayerns.de/Lexikon/Freiheitsaktion_Bayern_(FAB)	
	Link	**QR**
72	https://www.dhm.de/lemo/kapitel/ns-regime/ns-organisationen/nsdap.html	
	Link	**QR**
72	http://www.mordnacht.de/28april.shtml	

Buch Seite	Link	QR
73	https://www.dhm.de/lemo/kapitel/der-zweite-weltkrieg/kriegsverlauf/der-werwolf.html	
	Link	QR
83	https://www.mdr.de/zeitreise/pervitin-soldaten-krieg-droge-hitler-deutsches-reich100.html	
	Link	QR
86	https://www.kas.de/web/rechtsextremismus/falsche-vorbilder-die-waffen-ss	
	Link	QR
91	https://www.bundesarchiv.de/DE/Content/Virtuelle-Ausstellungen/Pferde-Im-Einsatz-Bei-Wehrmacht-Und-Waffen-Ss/pferde-im-einsatz-bei-wehrmacht-und-waffen-ss.html	
	Link	QR
103	http://homepage.ruhr-uni-bochum.de/christian.brandau/8-8-cm-Flak-41.html	

Buch Seite	Link	QR
104	https://www.gapgeschichte.de/ns_zeit_1945_kriegsende_text/kriegsende_text_2_ereignisse.htm	
	Link	**QR**
106	https://texashistory.unt.edu/ark:/67531/metapth639084/m1/77/zoom/?q=Iffeldorf&resolution=1.0497166836230671&lat=2949.6421060152998&lon=2171.308296072662	
	Link	**QR**
108	https://de.wikipedia.org/wiki/Oflag_VII_A	
	Link	**QR**
111	https://www.dhm.de/lemo/biografie/heinrich-himmler	
	Link	**QR**
111	https://www.ku.de/forschungseinr/zimos/publikationen/forum/dokumente/die-letzten-tage-von-heinrich-himmler/	

Buch Seite	Link	QR
120	https://de.wikipedia.org/wiki/Magnus_von_Braun_(Ingenieur)	
	Link	QR
120	https://de.wikipedia.org/wiki/Wernher_von_Braun	
	Link	QR
122	https://de.wikipedia.org/wiki/Operation_Overcast	
	Link	QR
124	http://www.12tharmoredmuseum.com/capture.asp	
	Link	QR
126	https://www.dglr.de/publikationen/2015/340001.pdf	